Reise durch

FRANKREICH

Bilder von
Tina und Horst Herzig

Texte von
Ulli Langenbrinck

Stürtz

Erste Seite:
Das Markenzeichen von Calais ist nicht nur der Fährhafen, der zu den größten Europas zählt und eine der wichtigsten Verbindungen nach England bedient, sondern es sind auch die weiten Sandstrände mit den originellen Badehäusern.

Vorherige Seite:
Blick auf den Lochfelsen, den „Falaise d'Aval", an der Steilküste von Étretat. Im Laufe der Zeit hat die Brandung diesen Kreidefelsen geformt.

Unten:
Der Montmartre in Paris gilt noch immer als Künstlerviertel. Wer ein Poster oder eine Ansichtskarte von bekannten Künstlern sucht, wird hier garantiert fündig.

Seite 10/11: *Im 19. Jahrhundert wurde Dinard an der bretonischen Küste zum Badeort wohlhabender Engländer. Noch heute zeugen zahlreiche Villen an der Felsküste von dieser Zeit.*

Inhalt

Frankreich – ein Land in der Gunst der Götter

Von den Terrassen der Jardins du Trocadéro bietet sich einer der schönsten Ausblicke auf das Wahrzeichen von Paris, den Eiffelturm.

Frankreich hat es gut. Eine großzügige Göttin (es muss einfach eine Göttin gewesen sein) hat ihr Füllhorn voller verschwenderischer Gaben über diesen großen Fleck auf der europäischen Landkarte ausgeschüttet, um nicht zu sagen, ausgeschüttelt bis auf den letzten Krümel. Da wären schon allein die Küsten: eine Kanalküste, eine Atlantikküste, eine Küste am Mittelmeer. Andere Länder wären schon froh, hätten sie wenigstens ein kleines Zipfelchen hässlicher Küste erwischt. Aber Frankreich hat gleich drei sehr große, unterschiedliche, eigenwillige und reizvolle Küstenlandschaften, für jeden Geschmack ist etwas dabei. Und dann das Klima. Nun ja, im Norden ist es ähnlich wolkenverhangen und regnerisch wie in anderen Zonen Mitteleuropas, vielleicht nur etwas milder. Was aber nicht wirklich schlimm ist, denn jeder weiß, dass er nur zwei oder drei Stunden mit dem Auto oder dem TGV Richtung Süden fahren muss, und schon steht man im sonnendurchfluteten Licht, zieht die Jacke aus und setzt sich ins Straßencafé, sogar im Winter
Und dann die fruchtbaren Böden. In Frankreich wächst einfach (fast) alles: mitteleuropäische Äpfel und südeuropäische Feigen; die besten Weinreben, aus denen sich Champagner, Cognac sowie edelste rote und weiße Weine herstellen lassen; aber es gibt auch samtfarbene Trüffel, duftenden Lavendel, kostbare Blumen, Kastanien und Mandelbäume, Pinien und Palmen, und nicht zu vergessen: sattgrünes Gras, auf dem wohlgenährte Kühe weiden, die wunderbare Milch geben, aus der um die 350 verschiedene Käsesorten gemacht werden. Die meisten Regionen Frankreichs produzieren nicht eine, sondern gleich mindestens eine Handvoll erlesener Spezialitäten, sodass man auf die Idee kommen könnte, das Land sei eine einzige hervorragend sortierte Speisekammer.
Doch die Göttin ist mit dem Füllhornschütteln immer noch nicht am Ende, denn die Landschaften Frankreichs sind nicht nur außerordentlich fruchtbar, sondern auch noch außerordentlich schön und abwechslungsreich. Die schroffe Schönheit des Massif Central etwa kontrastiert mit endlosen weißen Sandstränden der Atlantikküste an der Côte d'Argent oder den sanft gewellten Weinhügeln Burgunds. Lieben Sie

tiefe grüne Wälder voller Jagdschlösschen und prächtiger Paläste? Voilà, die Île de France. Oder ziehen Sie verschwiegene Kanäle vor, über die man gemütlich mit dem Hausboot schippert? Allein im Midi warten 800 Kilometer idyllische Wasserstraßen auf Freizeitkapitäne. Frankreich ist ein Land der Gegensätze: in den Pyrenäen schneebedeckte Gipfel, Wasserfälle und Schluchten; an der Atlantikküste die größte Düne Europas; in der Normandie Felder, Bauernhöfe und Obstplantagen bis zum Horizont; in der Camargue Moore und Flusslandschaften mit Flamingos und wilden Pferden – ça y est? Mais pas du tout. Diese und andere herrliche Landschaften Frankreichs sind nicht nur wegen ihrer topographischen Eigenschaften so reizvoll, sondern vor allem auch deshalb, weil sie (außer im August) ungleich menschenleerer und ursprünglicher sind als andere Gegenden Europas. In Frankreich kann man an vielen Orten Landschaft pur genießen, weil das Land einfach dünner besiedelt ist als beispielsweise Holland oder Deutschland. Und trotzdem ist Frankreich nicht etwa ein reines Naturparadies, sondern eine Kulturnation. Eine Kulturnation? Falsch. „Die" Kulturnation. Und das liegt in erster Linie an Paris.

Paris – der Nabel der Welt

Paris ist alles, was du willst (Frédéric Chopin). In Paris geboren zu werden bedeutet, zweimal Franzose zu sein (Paul Morand). Paris – ein Fest fürs Leben (Ernest Hemingway). Paris – Hauptstadt des 19. Jahrhunderts (Walter Benjamin). Hymnen und Elogen wurden auf diese Stadt geschrieben, von Poeten und Politikern, von Philosophen und Intellektuellen. Paris wird gefeiert und besungen als Stadt der Lichter und der Liebe, als Paradies der Flaneure, als Zentrum der Kunst und der Künste, als das Herz Frankreichs und zugleich als dessen Kopf und Seele. Die Begeisterung gilt vor allem jenem nostalgischen Paris der Bohème, wie es Toulouse-Lautrec in seinen Bildern von Montmartre und dem Moulin Rouge festhielt. Das rauschende Paris des Cancan und der Operetten von Jacques Offenbach, das bittersüße Paris der Chansons von Edith Piaf und der Filme Marcel Carnés und Leo Carax', das brodelnde Paris der künstlerischen Avantgarde und des Existenzialismus, das standhafte Paris der Résistance und der Emigranten, das Paris der kleinen Leute (petit peuple) und der sich küssenden Paare, wie sie Robert Doisneau fotografierte – all diese Facetten von Paris sind Mosaiksteinchen jenes Mythos, der Paris ausmacht. Die Pariser nehmen die Huldigungen auf ihre Stadt scheinbar gelassen hin, schließlich können nur wenige Hauptstädte Europas wie Paris für sich in Anspruch nehmen, über Jahrhunderte sowohl geistig-kulturelles als auch politisches Zentrum der gesamten Hemisphäre gewesen zu sein. „Ein Blick auf die Landkarte genügt: Paris sitzt im Zentrum Frankreichs wie die Spinne im Netz. Es ist eine Stadt, die alles für sich beansprucht: Ruhm, Reichtum, Macht; die die Provinz aussaugt, die arrogant ist und oberflächlich, ehrgeizig, brutal und schnell, deren Bewohner doppelt so französisch sind wie ihre Landsleute aus der Provinz", schrieb Georg Stefan Troller vor einigen Jahren. Heute lebt jeder fünfte Franzose in Paris, das längst nicht mehr die „Weltstadt der hundert Dörfer" ist, sondern der Kern eines gigantischen Ballungsraums, der „Région Parisienne". Die Stadt umgibt sich mit einem seit Jahrzehnten ständig anwachsenden Gürtel aus grauen Beton-Vorstädten, in denen sechs mal so viel Menschen leben wie im „wirklichen" Paris, dem „Paris entre-murs". Paris mit seinen 20 Arrondissements ist zu einer einzigen Innenstadt mit chronisch steigenden Immobilienpreisen geworden, in der rund 2,2 Millionen Menschen auf vergleichsweise engem Raum leben. Diesen Stadtkern umschließt wie ein Kreis der sechsspurige Boulevard Périphérique, eine chronisch verstopfte Stadtautobahn, über die es in den Staunachrichten regelmäßig heißt: „Entdecken Sie Paris Zentimeter für Zentimeter!" Ringsum ist der Périphérique von Satellitenstädten wie St-Denis, La Courneuve, Bobigny, Noisy, Montreuil, Ivry, Villejuif, Châtillon, Issy-les-Moulineaux, Boulogne-Billancourt, Nanterre und Argenteuil umgeben.

Mit Tempo in das 21. Jahrhundert

Spätestens in den siebziger Jahren begann ein Bauboom, der das Gesicht der Stadt nachhaltig verändern sollte. Zuerst wurden die traditionsreichen Markthallen abgerissen, und im früheren „Bauch von Paris" entstanden das Forum des Halles und das Centre Pompidou. Mit dem Bau des Wolkenkratzers Tour Montparnasse verschwanden auch die umliegenden „quartiers", in denen viele Handwerker und Künstler gelebt hatten. Der Sozialist Mitterand beschleunigte in den achtziger Jahren das Tempo, mit dem Paris auch architektonisch auf das 21. Jahrhundert zusteuert. Mit heftig umstrittenen Bauwerken wie der gigantischen neuen „Volksoper" an der Place de la Bastille, dem futuristischen Wissenschaftspark La Villette, dem Finanzministerium in Bercy, dem maurisch anmutenden Institut für die Arabische Welt und der Glaspyramide am Louvre sorgte Mitterand für Polemik und neue Attraktionen. Das gigantischste Projekt dieser pompösen Bauwut aber war ein neuer Triumphbogen in der Satelliten-

Mit bis zu 107 Metern Höhe und einer Länge von etwa 2,7 Kilometern ist die Dune du Pilat bei Arcachon an der Côte d'Argent die größte Wanderdüne Europas.

stadt La Défense. Die 110 Meter hohe „Grande Arche" verlängert die historische Achse vom Louvre über die Champs-Elysées, über den alten Triumphbogen bis in die seelenlose Betonstadt. Ein riesiger Klotz mit einem Loch in der Mitte (in dem die Kathedrale Notre-Dame Platz hätte), oder ein monumentales „Fenster zur Welt, mit dem Blick auf die Zukunft"? Wie alle anderen Architekturprojekte Mitterands entstand auch die Grande Arche zu Ehren der Zweihundertjahrfeier der Französischen Revolution 1989 – oder vielleicht doch zum Nachruhm ihres damaligen Präsidenten?

Paris schillert in allen Farben

Wer in Paris lebt, könnte sich Weltreisen sparen, ohne die Stadt zu verlassen. Eine kurze Fahrt mit der Métro und man ist an der Place d'Italie, dem Herzen von Chinatown. Chinesische Buchhandlungen, vietnamesische Supermärkte, eine unübersehbare Zahl asiatischer Restaurants. Oder das berühmte Marais, das traditionelle jüdische Viertel rund um die Rue des Rosiers mit seinen Synagogen, aus denen dunkel gekleidete orthodoxe Juden mit Bart und traditioneller Ohrlocke strömen, mit Buchläden, Bäckereien und den traditionellen Delikatessenläden und Restaurants wie Jo Goldenberg. Und täglich begegnet man dem schwarzen Paris.
Métrostation St-Denis während der nachmittäglichen Rush-hour. Noch bevor der Zug zum Stehen kommt, hört man die Trommeln. Menschentrauben schieben sich durch die Türen auf den Bahnsteig und hasten in die endlosen stickigen Gänge. Ohrenbetäubendes Trommeln hallt durch die Station, kurz vor dem Gleis Richtung Porte d'Orléans steht ein Menschenauflauf. Neun Afrikaner bearbeiten Congas, Bongos und Talking-Drums. Dumpfe Wolken steigen auf, zerstäuben in wirbelnden harten Schlägen und verschmelzen zu einem Rhythmusgeflecht, dem man sich nicht entziehen kann. Einige Fahrgäste bahnen sich unmutig durch den akustischen Dschungel, entnervte Mütter zerren ihre Kinder weiter. Die etwa hundert Zuschauer dagegen stehen wie angenagelt, lassen sich auch von Drängeleien der Vorbeihastenden nicht irritieren und klatschen begeistert, als die Trommler für einen Moment aufhören. Unter dem Pflaster, im Untergrund von Paris, liegt zwar nicht der Strand, aber ein Zipfelchen Afrika: laut, schwarz und selbstvergessen.
Seit Jahrzehnten ist Paris die kulturelle Drehscheibe Afrikas und der Karibik. Die schwarze Szene, kurz und selbstbewusst „Paris black" ge-

nannt, mit ihren Restaurants und Nachtclubs, den afrikanischen Couturiers und Coiffeurs, den Radiosendern und Plattenfirmen ist mittlerweile so weit verzweigt, dass alljährlich neue Handbücher mit den hippsten Tipps und Adressen veröffentlicht werden. Doch das Showbusiness ist nur die eine Seite des schwarzen Paris. Die andere findet man noch in den Abbruchhäusern von Ménilmontant, Belleville und Barbès; in den baufälligen Hotels der Rue de la Goutte d'Or und vor allem in der Banlieue. Die Afro-Pariser kommen aus ehemaligen Kolonien Frankreichs, aus Mali, Mauretanien und dem Senegal, aus Kongo und dem früheren Zaire. Die Antillenfranzosen stammen aus Martinique und Guadeloupe, den beiden „Überseeischen Départements" der Republik Frankreich. Sie haben einen französischen Pass, viele von ihnen arbeiten bei der Post, als Fahrer oder Ticketverkäufer in der Métro oder bei der Polizei. Über eine halbe Million Antillais leben im Großraum Paris, mehr als in jeder Stadt der französischen Karibik. Einwanderer aus Marokko, Tunesien und Algerien prägen das Straßenbild verschiedener Pariser Stadtteile noch viel deutlicher als ihre afrikanischen Brüder. In nahezu jedem Pariser Quartier ist man froh, abends um 22 Uhr noch schnell ein paar Einkäufe im arabischen Lebensmittelgeschäft um die Ecke machen zu können; rund um die Métrostationen Barbès-Rochechouart, in Ménilmontant und Belleville liegt der Duft gegrillter „merguez" (Bratwürste aus Hammelfleisch) über den Straßen, locken grellbunte Kinoplakate in die neuesten arabischen Schmachtfetzen, dröhnen rund um die Uhr die sehnsüchtig-monotonen Klänge arabischer Lieder aus den Cafés und Restaurants. Paris ist ein „melting-pot", in dem mehr als 130 Nationalitäten leben.

Der Mythos lebt

Der Eiffelturm, die Champs-Elysées, Montmartre, die Seine-Brücken, Notre-Dame, der Louvre, Pigalle und Moulin Rouge sind Postkartenmotive, die noch im letzten Winkel der Welt als Wahrzeichen von Paris identifiziert werden und die zum obligatorischen Programm jeder Stadtrundfahrt gehören. Selbst mit geschlossenen Augen würde man jede einzelne dieser Sightseeing-Stationen unschwer am babylonischen Sprachengewirr aus japanisch, englisch, deutsch, schwedisch usw. erkennen, das diese Orte wie eine Dunstglocke umgibt. Nur französische Laute hört man dort selten, denn ein in Paris lebender Mensch wird sich nur in schlimmsten Notfällen und wenn es sich partout nicht vermeiden lässt, diesen Touristenmagneten nähern. Dabei spielt es keine Rolle, ob es sich um einen aus Paris gebürtigen oder

Das Städtchen La Ciotat zwischen Marseille und Toulon ist stolz darauf, als Geburtsort des Pétanque zu gelten. 1910 wurde das Spiel hier erfunden. Pétanque ist eine Unterart des Boule-Spieles, bei der aus dem Stand geworfen wird.

im Laufe seines Lebens zugezogenen Menschen handelt, selbst die Nationalität spielt keine Rolle. Nur eines zählt: Wer in Paris lebt, ist „parisien", und alle anderen sind Touristen, basta. Ein „parisien" steigt höchstens heimlich auf den Eiffelturm, und wenn er auf der Place du Tertre angetroffen wird, wird er sofort klarstellen, dass er hier nur jemanden besucht. Das Paris der Postkartenmotive gehört den Touristen, es ist ihr Terrain, und wenn sie es für Paris halten, „tant pis", sollen sie damit ruhig glücklich werden, deshalb sind sie schließlich gekommen. Andererseits – steht etwa ein Londoner bewundernd vor dem Big Ben oder ein Kölner mit stolzgeschwellter Brust vor dem Kölner Dom? Die Pariser schimpfen zwar über ihre Stadt, über den mörderischen Verkehr, die allgegenwärtige Hektik, über arrogante Verkäuferinnen und unverschämte Taxifahrer und über die überfüllte Métro. Und doch wird man immer wieder den Satz zu hören bekommen: „Paris – c'est ma ville", das ist meine Stadt. Allerdings ist damit weniger die ganze Stadt gemeint, sondern das Viertel, in dem man lebt. Man quält sich durch den Feierabendverkehr nach Hause und steigt erleichtert an „seiner" Métrostation wieder ans Tageslicht, lässt die fremde Welt hinter sich und befindet sich wieder im „quartier", auf vertrautem Terrain. Die Käsehändlerin weiß, welchen Käse man am liebsten mag, man selbst weiß, wo man parken kann und wo auf keinen Fall (verboten ist es überall) und die Clochards grüßen wie jeden Tag, ohne unbedingt ein paar Münzen zu erwarten, kurz: man ist zu Hause. Der Kellner im Bar-Tabac bringt unaufgefordert einen „grand crème, comme d'habitude" und zuckt auch dann nicht mit den Augenbrauen, sollte einem je ein falscher „subjonctif" entweichen.

Der beste Ort in Frankreich: das Café. Gleichgültig, ob man in einem kleinen Bar-Tabac in der Provinz sitzt oder auf den korbbestuhlten Terrassen der Pariser Cafés – immer hat man einen Logenplatz mitten im Film. Sobald man sitzt, geht es los. Am Kino gegenüber steht seit Jahr und Tag ein vornehmer alter Mann mit prächtigem weißen Haar, am Revers steckt eine weiße Chrysantheme oder eine rote Rose. Ich bin überzeugt, dass er in seinem früheren Leben Dirigent war oder Pianist oder vielleicht auch Zirkusdirektor, doch natürlich verbietet es die Diskretion, ihn zu fragen, warum er sommers wie winters neben dem Kino steht. Es ist einfach sein Platz, und er steht dort mit unnachahmlicher Eleganz, wenn auch sein sorgfältig gebügelter schwarzer Anzug und seine makellos weißen Handschuhe schon ziemlich fadenscheinig sind und seine Gesichtshaut etwas gelblich schimmert. Jedes Mal, wenn ich ihm ein paar Münzen gebe, habe ich das Gefühl, dass er mir einen Gefallen getan hat. Plötzlich war er eines Tages im Winter verschwunden, tagelang blieb der Platz am Kino leer. Im Bar-Tabac machten wir uns ernsthafte Sorgen, womöglich war er krank geworden, doch niemand wusste, wo er wohnte und ob er überhaupt eine Unterkunft hatte. Zwei Wochen später stand er wieder an der Ecke, noch blasser als sonst, umzwitschert von einigen alten Damen. „Er ist wieder da", murmelte der Kellner und wies mit dem Kopf auf die Straße, „der alte Charmeur". Ich gebe zu, ich hätte den alten Herrn am liebsten gefragt, welches Schicksal ihn an diese Straßenecke geführt hat und ob man ihm irgendwie helfen könne. Damit hätte ich allerdings eine Indiskretion begangen und womöglich seine Würde verletzt. Der distinguierte Clochard mag ein extremer Fall sein, doch Diskretion schätzen die meisten Franzosen äußerst hoch, weshalb man mitunter den (falschen) Eindruck hat, sie seien mitleidlos oder desinteressiert am Schicksal anderer. So kann man jahrelang dasselbe Café besuchen, ohne die Namen anderer Stammgäste zu erfahren oder selbst seinen Namen preisgeben zu müssen. Kein Name steht auf den Türklingeln, nur die Etage ist angegeben (etwa: 3. Etage rechts – 3ème droite). Was in Deutschland zu einem guten Small-Talk gehört – Kontaktaufnahme mit der Frage: Was machen Sie denn beruflich? – ist in Frankreich unüblich. Es kann vorkommen, dass man sich einen ganzen Abend angeregt mit Leuten unterhält, deren Namen und Berufe man niemals erfahren wird. Hauptsache, das Gespräch ist nach französischen Kriterien gut, und das bedeutet: mit schnellen Pointen, gern voller Wortspiele, kenntnisreich, aber ohne Rechthaberei, andeutungsweise persönlich, doch auf keinen Fall bekennend oder belehrend. Und am besten in fließendem Französisch.

Immer Rotwein und Baguette?

Mit Witz und Humor darf man selbst über die liebgewordenen Klischees zwischen Deutschen und Franzosen ein bisschen herziehen, vorausgesetzt, man hat das aufwändige Essen zu goutieren gewusst (oder, noch viel besser, selbst zubereitet) und sich nicht etwa die cremige Spitze des Brie abgeschnitten – das wäre der größte anzunehmende Fauxpas und in etwa so, als würde man in Deutschland von einer Schokoladentorte den Bezug abkratzen und den Rest seinen Gästen übrig lassen. Nehmen

Die mächtige mittelalterliche Burg von Fougères mit dreizehn dicken Türmen ist eine der bedeutendsten Wehranlagen jener Zeit und führt geradewegs in die bretonische Geschichte. Fougères war die nördlichste Festungsstadt an der alten Grenze zwischen dem Herzogtum Bretagne und den Grafschaften Maine und Poitou und wurde trotz ihrer imposanten Mauern und Türme oft eingenommen.

wir also an, alles läuft gut, dann wird man ehrfurchtsvolle Hymnen über deutsche Waschmaschinen, allgemein verbreitetes Organisationstalent, die Filme des Rainer Werner Fassbinder und die Symphonien Beethovens zu hören bekommen. Aufrichtiges Mitleid dagegen ernten: die erbärmliche Küche (jeden Tag nur Wurst, Sauerkraut und Bier), die unaussprechliche, komplizierte Sprache, die uniformen Gesundheitssandalen und sackartigen Bermudashorts sowie ein gewisser Hang zur bleiernen Melancholie und zum kategorischen Imperativ, der die Lebensfreude beeinträchtigt. Umgekehrt denken wir sofort an Baguette, Rotwein und Käse, an elegante Frauen („Keine, keine kann's so süß wie die Frauen von Paris", François Villon) und charmante Männer, an ebenso komplizierte wie exzellente Küche, an den hinreißenden Akzent beim Deutschsprechen, an „laisser faire" und „savoir vivre", an Edith Piaf, Sartre und Beauvoir, die Französische Revolution, vielleicht auch an Mai 68, eine gewisse Streikbereitschaft ... die Liste ist unvollständig, aber im Grunde handelt es sich um sehr viele liebenswerte Eigenschaften.

Nun ja, es stimmt, „die Franzosen" sind Rotweintrinker. Die meisten Menschen in Frankreich trinken zum Mittag- und Abendessen einen „coup de rouge", die Betonung liegt auf „zum Essen". Nach dem Essen gibt es Käse, Dessert und Kaffee, und dann wird auch der Wein abgeräumt. Nach dem Essen noch Wein zu bestellen, ist vor allem im Restaurant überhaupt nicht üblich. Schon gar nicht wird sich ein zivilisierter „parisien" tagsüber auf einer Parkbank eine Flasche Rotwein an den Mund setzen, sein Taschenmesser hervorkramen und sich mit Käse und Baguette den Anzug vollkrümeln.

Ein Handwerker, der sich alle paar Monate mitsamt seiner ganzen Familie in ein besterntes Restaurant setzt, tafelt, was das Zeug hält und dafür nahezu einen Monatslohn hinlegt? Nichts besonderes, schließlich wird die Kunst des Essens in jeder Gesellschaftsschicht hoch geschätzt und entscheidet mit über die gesellschaftliche Anerkennung. Doch damit nicht genug: jeder versucht, die Kunst des Genießens zu kultivieren, und niemandem käme der Gedanke, Essen sei nichts als lästige Nahrungsaufnahme. Keinem meiner französischen Freundinnen und Freunde wäre es eingefallen, aus weltanschaulichen oder ethischen Gründen etwa die Eier von Knasthühnern zu verschmähen

Lavendelfelder auf dem Plateau de Valensole. Für viele Bauern der Provence ist der Lavendelanbau die Haupteinnahmequelle.

Nicht nur in der Parfümherstellung ist Lavendel ein wichtiger Bestandteil, er liefert auch den aromatischen Lavendelhonig.

und nur biologisch angebautes Gemüse und Bio-Hühner zu verspeisen. Der einzige Grund, weshalb sie die auch in Frankreich wesentlich teureren biologisch produzierten Eier, Hühner und Gemüsesorten kauften: weil sie besser schmecken.

Ich habe keine Französin kennen gelernt, die auf die Anrede „Mademoiselle" pikiert reagiert hätte. Und es ist in Frankreich schlichtweg unmöglich, overdressed zu sein. Hübsche Kleidung und Make-up für den morgendlichen Gang zum Bäcker? Ph, wie zickig, sagen meine deutschen Freunde. Nett siehst Du aus, sagt mir eine Bekannte, die ich morgens beim Einkaufen in der Rue de la Roquette treffe. Dreijährige sitzen selbst in Restaurants gesittet am Tisch, wünschen „Bon appétit", hantieren mit Messer und Gabel, bekommen als krönenden Abschluss ein Stückchen Käse – bedauernswerte gedrillte Wesen, die nie die Lust erleben durften, die Sauce über den ganzen Tisch und sich selbst zu verteilen? Bei meiner französischen Freundin Danielle zucken die Augenbrauen nach oben. „Absolut nicht, ma chère, einfach nur gut erzogen." Hatten nicht die Deutschen die Disziplin erfunden?

Es wird schon seine Gründe haben, dass 63 Prozent der Deutschen gern in Frankreich leben würden, aber 59 Prozent der Franzosen sich nicht vorstellen möchten, in Deutschland zu wohnen. Aus irgendeinem dunklen Grund lieben wir die Franzosen ein bisschen mehr als sie uns. Liebe fragt nicht nach Gründen, sagen die Dichter. Auf nach Frankreich!

Seite 22/23: *„Sur le pont d'Avignon ..." – die Pont St-Bénézet gehört zu den weltberühmten Brücken, obwohl von ihr nur noch ein Torso übrig ist. Dahinter der Papstpalast in Avignon – zwischen 1309 und 1377 herrschten hier nicht die französischen Könige, sondern die Päpste, die aufgrund chaotischer Verhältnisse den Kirchenstaat Rom verlassen hatten und in Südfrankreich im Exil lebten.*

Seite 24/25: *Weithin leuchtet die weiße Kuppel von Sacré-Cœur über Paris. Die 1919 eingeweihte Basilika vereint ein merkwürdiges romanisch-byzantinisches Stilgemisch; im Glockenturm hinter der Kirche hängt eine der größten Glocken der Welt – die Savoyarde wiegt an die 19 Tonnen.*

Die Heimat der Jeanne d'Arc – der Norden Frankreichs

Kritiker nennen sie den „teuersten Eingang der Welt": Mit der Glaspyramide im Ehrenhof des Louvre setzte sich François Mitterrand ein monumentales Denkmal, geschaffen von Ieoh Ming Pei. So umstritten die von zwei kleinen Pyramiden flankierte große Glaspyramide auch war, sie avancierte längst zu einem neuen Wahrzeichen von Paris.

Alle Wege Frankreichs führen nach Paris – was umgekehrt auch bedeutet, dass man von der französischen Capitale aus rasch in andere Welten reisen kann. Eine erste Station wären die tiefen Märchenwälder der Île de France, in denen versteckte Königsschlösser und prachtvolle Villen liegen. Sozusagen vor der Haustür befinden sich das Waldgebiet Forêt de Chantilly, die Pferderennbahn, der Wald von Fontainebleau mit dem berühmten Schloss, in dem Napoleon seine Abdankungserklärung unterschrieb, und natürlich Versailles, der Prototyp aller Prachtschlösser und steinernes Monument absolutistischer Macht. In den Wäldern von Compiègne nordöstlich von Paris ritten die französischen Könige zur Jagd aus, und auf der Lichtung Clairière de l'Armistice unterschrieben Frankreich und Deutschland 1918 den Waffenstillstandsvertrag.

Die für Franzosen exotischste Provinz des »Hexagone«, wie das nahezu sechseckige Frankreich häufig betitelt wird, dürfte das östliche Elsass/Lothringen sein. Die mit roten Geranien geschmückten Fachwerkhäuser, der alemannische Dialekt und die eher deftige Küche bilden einen farbigen Kontrast zu »typisch« französischen Landschaften wie der Normandie, der Bretagne oder der Provence. Doch die »Elsässische Weinstraße« und der Isenheimer Altar in Colmar sind auch bei den Franzosen beliebte Reiseziele.

600 Kilometer lang ist die Küste der Normandie zwischen Le Tréport und dem Mont Saint-Michel. Steile Klippen wechseln ab mit endlosen Sandstränden und mondänen Seebädern wie Deauville und Trouville. In Rouen, der Heimatstadt von Corneille und Flaubert, wurde Jeanne d'Arc auf der Place du Vieux-Marché am 30. Mai 1431 verbrannt. 1920 wurde Jeanne d'Arc heilig gesprochen und zur Schutzpatronin Frankreichs erhoben. Eines der Lieblingsmotive von Claude Monet war die Kathedrale Notre-Dame in Rouen.

Unten:
Anlässlich der Weltaustellung im Jahre 1889 wurde der von Gustave Eiffel erbaute Eiffelturm in Paris eingeweiht. Die damals sehr umstrittene 321 Meter hohe und circa 10 000 Tonnen schwere Eisenkonstruktion wurde von Gegnern als „nutzlos und monströs“ beschimpft. 1989 wurde sie generalüberholt und mit einer raffinierten Beleuchtung versehen. Im Hintergrund sieht man die Militärschule École Militaire.

Rechts oben
Die Stelen sind Teil des Denkmals „Le Mur pur l… Paix“, Mauer des Friedens auf dem Champs-de-Mars. Auf diesen ist das Wor… Frieden in 32 Sprache…

geschrieben. Das Mahnmal wurde von der Künstlerin Clara Halter entworfen und von dem Architekten Jean-Michel Wilmotte im Jahr 2000 errichtet.

Rechts Mitte:
Rund um den Eiffelturm gehören die Häuser mit ihren verschnörkelten Balkonen zum Stadtbild.

Rechts unten:
Das Ufer der Seine ist ein beliebter Anlegeplatz für Hausboote und nicht weit davon erhebt sich majestätisch die „Eiserne Dame“, ein Name, der gerne für den Eiffelturm verwendet wird.

Seite 30/31:
Von dem 59 Etagen hohen Tour Montparnasse hat man vom Dach des schwarzen Kolosses eine spektakuläre Panoramasicht über Paris. Der Bürohausturm könnte auch als Symbol für den Wandel des früheren Künstlerviertels Montparnasse angesehen werden.

Unten:
Kein Vergleich mit Shopping-malls aus der Retorte: die Galeries Lafayette am Boulevard Haussmann bieten auf zwei Etagen unter der gläsernen Kuppel edle Designerlabels im beeindruckenden Ambiente.

Unten:
Haute Couture findet man an etlichen Orten in der Stadt, so um die Place des Victoires und in der Rue Étienne Marcel und natürlich am Champs-Élysées, wo auch Louis Vitton ein Ladengeschäft betreibt.

Bilder rechts:
Die Cafés gehören zu Paris wie der Eiffelturm. Sehr viele bekannte Künstler verbrachten viel Zeit in Pariser Cafés, um zu arbeiten oder zu debattieren. Auch heute sind die Cafés beliebte Treffpunkte für Jung und Alt. Typisch für die Pariser Straßencafés sind die Rattanstühle, die bei schönem Wetter zum verweilen einladen – ob zum Plaudern, um sich seiner Zeitungslektüre in aller Ruhe zu widmen oder um einfach nur die Aussicht und das rege Treiben zu genießen.

CAFE
VINS
10
RUE CROIX DES PETITS CHAMPS
RUE DU PÉLICAN
CAFE RESTAURANT
VINS DE PROPRIETE

PARIS – EINE STADT DER KUNST

Wer genug Zeit hat, mit Muße durch die Straßen der verschiedenen Pariser Arrondissements zu flanieren, wird in nahezu jeder Straße auf weltbekannte Namen aus Kunst und Literatur stoßen. An unzähligen Häusern weisen Plaketten darauf hin, welcher Künstler hier geboren wurde, wer hier gelebt oder gearbeitet hat oder gestorben ist. In den Straßen mancher Stadtviertel wie etwa Île de la Cité, Saint-Germain, Montparnasse oder Montmartre könnte man sogar noch mehr Hinweistafeln anbringen, denn dort steht nahezu jedes dritte Haus in irgendeiner Form in Verbindung mit der Malerei, der Literatur oder der Musik. Ebenso häufig trifft man auf Orte, an denen Romanszenen oder Filme spielen, die in Chansons besungen oder in Gedichten verewigt wurden.
Als Hauptstadt der Künste gilt Paris aber vor allem, weil hier immer wieder neue Kunstrichtungen und Bewegungen entstanden, die weit über den Radius der Stadt hinaus Literatur, Malerei, Philosophie, Musik, Theater und Film nachhaltig prägten. Eine künstlerisch ungemein fruchtbare Epoche waren die Jahrzehnte zwischen den beiden Weltkriegen. Am 23. Januar 1920 fand in einem schmuddeligen Café in der Rue Saint Denis die erste Dada-Matinée statt, deren Aktivisten sich als „Narrenspieler aus dem Nichts", als „Parodisten der Weltgeschichte" und als „Anti-Kultur" Propagandisten verstanden und das „Erhabenheitsgetue des intellektuell approbierten (staatlich zugelassenen) Bürgers" voller Ekel und Abneigung durchlöcherten. André Breton, Tristan Tzara und andere zukünftige Surrealisten nahmen daran teil. Als Jacques-Emile Blanche beim Eintreten in das Etablissement mit einem Herzanfall zusammenbrach, stellte Louis Aragon knapp fest, dass Dada bereits sein erstes Opfer gefordert habe.

Das Unterbewusste als kreative Kraft

Die spätere Wohnung des Schriftstellers André Breton in der Rue Fontaine Nr. 42 (9. Arrondissement) wurde zum Treffpunkt der Surrealisten, deren Manifest Breton 1924 formulierte. Die meisten surrealistischen Künstler arbeiteten parallel auf mehreren künstlerischen Gebieten und setzten sich intensiv mit der Politik auseinander. Man experimentierte mit Träumen, Rauschzuständen und Halluzinationen, um das Unterbewusste als kreative Kraft einzusetzen und war bestrebt, Vernunft und Konventionen auszuschalten. Besonders in den bildenden Künsten und der Dichtung setzte sich diese Pariser Avantgardegruppe durch, zu der Künstler wie Max Ernst, Jacques Prévert, Yves Tanguy, Antonin Artaud, René Magritte, Luis Buñuel und Salvador Dalí gehörten. Dalí arbeitete eine Zeitlang in einem Atelier in der Villa Seurat hinter der Rue de la Tombe-Issoire (14. Arrondissement). Diese Adresse wird Lesern der Tagebücher von Anais Nin bekannt vorkommen, denn Anfang der dreißiger Jahre besuchte sie hier häufig das Atelier von Antonin Artaud, der hier wohnte und arbeitete. Es gelang ihr, ihren Freund Henry Miller in der Villa Seurat unterzubringen, die als das Zentrum der Bohème vom Montparnasse galt.
Picasso lebte ab 1904 in Paris, wohnte und zog, wie fast alle anderen Künstler, pausenlos um. Schon 1907 schuf er mit dem Bild „Les Demoiselles d'Avignon" das Grundlagenwerk für den Kubismus. 1937 richtete er im Haus Nr. 7 in der Rue des Grands-Augustins sein Atelier ein und zog zwei Jahre später ganz dorthin. Hier entstand das Gemälde „Guernica".
Legendär sind die Cafés, in denen sich Künstler und Intellektuelle in Paris zu jeder Epoche trafen – das „Procop" in der Rue l'Ancienne Comédie, das „Café de Madrid" auf dem Boule-

Links:
Gruppenbild ohne Dame 1929: Die Pariser Surrealisten Tristan Tzara, Paul Éluard, André Breton, Hans Arp, Salvador Dalí, Yves Tanguy, Max Ernst, René Crevel, Man Ray (von links nach rechts).

Oben:
Picassos Atelier in der Villa »La Californie« in Cannes im Jahre 1957, die er 1955 erworben hatte. Seit 1945 lebte Picasso hauptsächlich im Süden Frankreichs.

vard de Montmartre, die „Coupole“ und die „Closerie des Lilas“ auf dem Boulevard du Montparnasse, das „Café des Deux Magots“ und das „Café de Flore“ am Boulevard Saint-Germain. Im „Café de Flore“ gründeten Guillaume Apollinaire und seine Freunde am 1.2.1912 die literarische Monatszeitschrift „Les Soirées de Paris“. Während des Ersten Weltkriegs war auch Jean Cocteau ständiger Gast im „Café de Flore“ und traf sich mit Apollinaire, Max Jacob und André Breton. In den dreißiger Jahren saß hier Picasso, Sartre und Beauvoir trafen sich dort während der deutschen Besatzung von Paris.

Rechts oben:
Salvador Dalí in einer Fotografie von Luis Buñuel. 1929 kam Luis Buñuel nach Paris um seinen Film „Ein andalusischer Hund“ zu drehen. Dalí arbeitete bei den Effekten mit. Sie erstellten ein Repertoire surrealistischer Requisiten – am Drehort befanden sich ein nacktes Modell mit lebendigen Seeigeln unter den Achseln, mehrere verwesende Esel, ein Konzertflügel, eine abgeschnittene Hand, drei Ameisennester und ein Kuhauge.

Rechts Mitte:
André Breton in einem Portrait um 1928. Der charismatische »Papst des Surrealismus« wurde 1896 in der Normandie geboren und studierte zunächst Medizin und Psychologie.

Rechts:
Pablo Picasso mit Olga Koklova und Jean Cocteau 1917 in Rom. 1918 heiratete Picasso die russische Tänzerin in Paris.

Rechts:
Die Place du Tertre in Montmartre und die umliegenden Cafés sind das Ziel unzähliger Besucher, die dem legendären Künstler-Ambiente nachspüren, wie es in der Blütezeit des Montmartre (zwischen 1890 und 1912) entstand.

Unten:
Die nächtliche Beleuchtung verzaubert nicht nur die Menschen an der Seine, sie hüllt auch die Kathedrale Notre-Dame in ein besonders schönes Licht.

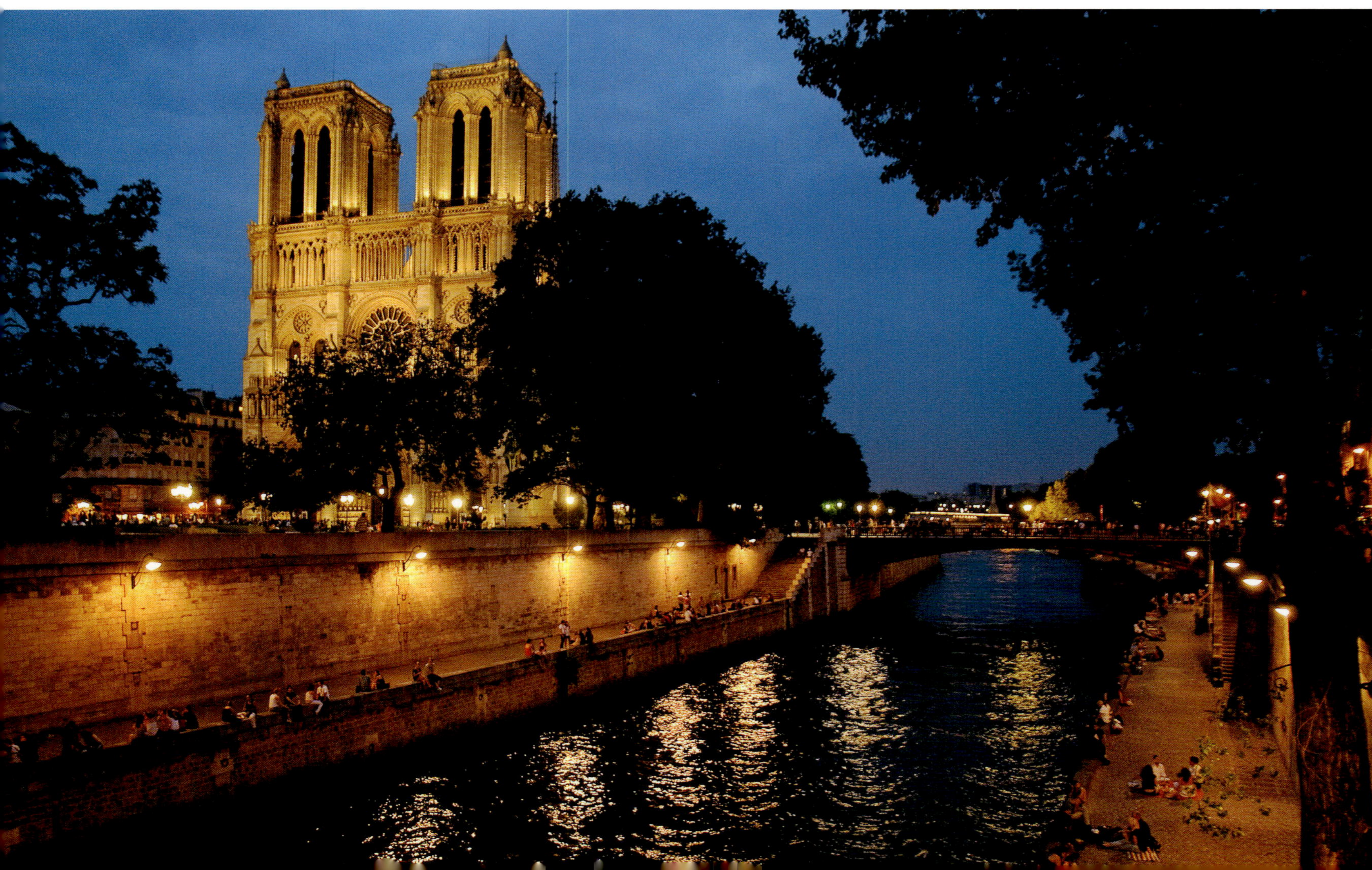

Oben:
Unbewegt thront die Basilika von Sacré-Coeur auf dem Montmartre-Hügel über dem nächtlichen Rummelplatz zu ihren Füßen. 1876 war unter den französischen Katholiken Geld gesammelt worden, um mit dem, erst 1919 eingeweihten, Bau zu beginnen. Die Basilika sollte ein Zeichen der Frömmigkeit setzen.

Links:
Das Moulin Rouge ist wohl das älteste (Gründungsjahr 1889) und bekannteste Varieté-Theater. Hier wurde zum ersten Mal der Cancan getanzt, den Toulouse-Lautrec auf seinen Bildern festhielt.

Links:
Das gewaltige Schloss Fontainebleau kann auf eine lange Geschichte zurückblicken. Seit dem 12. Jahrhundert bis zur Epoche Napoleons hielten sich die französischen Könige gerne hier auf. Napoleon, der eine besondere Vorliebe für Fontainebleau hegte, ließ das Schloss modernisieren und nach seinem Geschmack neu dekorieren.

Links Mitte:
1678 entstand unter Jules Hardouin-Mansart in achtjähriger Arbeit der berühmte Spiegelsaal, 75 Meter lang, 10 Meter breit, 17 breite Fenster

und 17 Spiegel an der gegenüberliegenden Wand. Wenn Ludwig XIV. mit seinem Hofstaat in Versailles weilte, wurde die Spiegelgalerie abends von 3000 Kerzen erleuchtet.

Links unten:
Die Gärten von Versailles gelten aufgrund ihres eleganten symmetrischen Stils als Prototyp der französischen Gartenkunst. Der Architekt Le Nôtre gestaltete sie auf einer Fläche von 100 Hektar.

Unten:
Ursprünglich war Versailles ein kleines Jagdschloss von Ludwig XIII., der es 1624 erbauen ließ. Sein Nachfolger, der „Sonnenkönig" Ludwig der Vierzehnte, ließ es nach den Plänen von Louis Le Vau, Jules Hardouin-Mansart und Robert de Cotte zu einem Monument absolutistischer Herrschaft „umbauen". Insgesamt dauerten die verschiedenen Bauarbeiten fast fünfzig Jahre.

Unten und rechts: *Auf der Elsässischen Weinstraße („Route des Vins de l'Alsace") bekommt man auf rund 170 Kilometern zwischen Marlenheim im Norden und Thann im Süden die berühmten trocken-fruchtigen Weißweine serviert. Muskattrauben, Riesling, Silvaner und Gewürztraminer wachsen hier, geschützt von den Vogesen, in einem milden und regenarmen Klima (unten die Weinstöcke bei Itterswiller). Unzählige Winzer und Weinkellereien bieten Weinproben an, rechts die mächtigen Fässer der Weinkellerei Klipfel in dem Weinort Barr.*

Seite 42/43:
In Straßburg laden die Uferpromenaden der Ill, gesäumt von malerischen Fachwerkhäusern, zum Flanieren ein. Beliebt ist es auch, die Stadt mit einer Bootsfahrt zu erkunden.

Kleine Bilder rechts:
Gepflegte Fachwerkhäuser, überall Blumenschmuck, reich verzierte Brunnen, buckliges Kopfsteinpflaster – die elsässischen Orte wie Riquewihr (oben), Eguisheim (Mitte) und Kaysersberg (unten) scheinen miteinander im Dauerwettstreit zu liegen, den Pokal für das schönste Dorf zu bekommen.

Rechts:
In Straßburg kann man entweder über die kopfsteingepflasterten Straßen des malerischen Viertels „La Petite France“, des ehemaligen Gerberviertels, flanieren oder in einem Ausflugsboot über den Ill-Kanal tuckern.

Unten:
Die europäische Metropole Straßburg im Elsass steht für moderne europäische Institutionen (1949 wurde hier der Europarat gegründet, später der Europäische Gerichtshof für Menschenrechte und die Europäische Menschenrechtskommission) ebenso wie für nostalgisches Flair: Maison Kammerzell, dessen Erdgeschoss 1467 und der Fachwerkoberbau 1589 entstand (links). Rechts im Bild das Straßburger Münster.

Oben:
Hinter den Ponts Couverts (Gedeckten Brücken), die mit ihren Türmen an die mittelalterliche Stadtbefestigung erinnert, befindet sich die von der UNESCO zum Weltkulturerbe ernannte historische Altstadt und das Gerberviertel im Stadtteil La Petite France. Im Hintergrund kann man das Wahrzeichen der Stadt, das Straßburger Münster, sehen.

Links:
Eine elsässische Idylle ohne Autos ist Colmar mit restaurierten alten Fachwerkhäusern, hier die Rue des Marchands, und dem Viertel Klein-Venedig. Nicht versäumen sollte man einen Besuch im Musée d'Unterlinden mit dem Isenheimer Altar von Grünewald (1510/12).

Linke Seite:
In der Kathedrale Notre-Dame von Reims ließ sich nach dem Triumph von Jeanne d'Arc auch Charles VII. krönen – wie es der Tradition entsprach, denn Reims war von jeher die Krönungsstadt. Die prächtige Kathedrale stammt aus dem 13. Jahrhundert.

Die gotische Kathedrale St-Étienne in Metz vereinte zwei ursprünglich verschiedene Kirchen – 300 Jahre dauerten die Bauarbeiten. Ihre kostbaren Buntglas-Fenster waren damals die größten der bekannten Welt und umfassen 6500 Quadratmeter. Viele stammen noch aus dem 13. Jahrhundert, einige wurden von Marc Chagall und Jacques Villon gearbeitet.

Nancy ist das historische Zentrum Lothringens und verdankt die Place Stanislas dem ehemaligen König von Polen und letztem Herzog Lothringens Stanislas Leszcynski, der 1776 starb. 1751 bis 1760 gestalteten der Architekt Emmanuel Héré und der Kunstschmied Jean Lamour den weitläufigen Platz zu einer der schönsten Anlagen dieser Zeit.

Für die unvergesslichen Momente: Champagner

Was täten Reedereien, wenn es ihn nicht gäbe? Und worin hätte Marilyn Monroe gebadet? Was gäbe ein Hollywoodregisseur dem hauptdarstellenden Liebespaar zu trinken, und womit würden Hochzeitsgesellschaften anstoßen? Was trinkt man in einem unvergesslichen, festlichen Moment des Lebens? Champagner. Echten Champagner. Französischen Champagner. Jene seidige, edel perlende, trockene Flüssigkeit, die ebenso schlagartig wie sanft die Stimmung hebt, die Seele besänftigt und einen Hauch von Eleganz und Frivolität ins Leben bringt. Also lassen wir die Korken knallen … auf Ihr Wohl, santé!

Alles falsch, sagen die Champagnerkenner, ein Champagnerkorken darf niemals knallen, denn der Knall bedeutet, dass die Kohlensäure entweicht, die für die tausenden kleinen weichen Bläschen sorgt. Auf komplizierteste Weise wurden sie in die Flaschen hineingezaubert, und aus der mit knallendem Korken geöffneten Champagnerflasche strömen sie sozusagen nutzlos wieder hinaus. Man sollte die Flasche vielmehr auf eine Weise öffnen (schräg halten und fest, aber sehr vorsichtig den Korken drehend), dass sie im Moment des Öffnens einen sanften Seufzer ausstößt oder höchstens ein dezent-vornehmes „plopp" von sich gibt. Nur dann bleiben alle goldenen Perlchen erhalten, prickeln schmeichelnd über die Zunge und entfalten den ganzen Genuss. Je kleiner übrigens die Kohlensäurebläschen (Mousse) sind, desto langlebiger sind sie und als desto edler gilt der Champagner.

Zu verdanken haben wir den edlen Schaumwein einem blinden Kellermeister der Benediktinerabtei Hautvilliers bei Epernay. Dom Pérignon kam im späten 17. Jahrhundert als erster auf die Idee, die Weinflaschen, die man bis dahin mit Hanf verschlossen hatte, so abzudichten, dass die bei der Gärung entstehende, natürliche Kohlensäure nicht entweichen konnte. Es ist überliefert, dass Dom Pérignon, als er die erste solcherart verschlossene Weinflasche öffnete und den Inhalt probierte, ausrief: „Brüder, kommt schnell, ich trinke Sterne!" Ähnliches wird auch König Ludwig XIV. gedacht haben, der die moussierenden Weine des Dom Pérignon über die Maßen zu schätzen wusste und sie an seinem Hof ausschenkte. Damit war der Champagner sozusagen in den höheren Adelsstand erhoben und avancierte zum Lieblingsgetränk absolutistischer Herrscher in Frankreich und Russland. Allerdings sah der Champagner damals anders aus als heute: Er war nicht so klar und durchsichtig, sondern eher trüb und voller Ablagerungen. Das änderte sich erst, als eine 27jährige Witwe in die Geschichte des Champagners trat. Madame Cliquot, genannt La Veuve Cliquot entwickelte jenes Verfahren, das den Champagner von Ablagerungen befreien und ihm seine zartgelbe Farbe verleihen sollte. Sie schnitt kreisrunde Löcher in ihren Küchentisch, steckte in jede Öffnung kopfüber eine Flasche und drehte sie in regelmäßigen Abständen ein wenig hin und her – durch das „Rütteln" (rémuage) setzt sich alles, was den Champagner bis dahin verdunkelte, im Korken ab. Heute bohrt niemand mehr Löcher in Küchentische, um den Champagner zu veredeln; diesen Produktionsabschnitt haben längst computergesteuerte Giropaletten übernommen.

Wie kommen die Bläschen in den Champagner?

Die „méthode champenoise" ist eine äußerst aufwändige und langwierige Prozedur. Die Trauben, hauptsächlich Pinot Noir mit Anteilen von Pinot Meunier und Chardonnay werden im Spätsommer gelesen und sehr schnell gepresst. Man schüttet den Wein verschiedener Rebstöcke zusammen und fügt eine Zuckerlösung hinzu, damit der Wein in der Flasche gärt. Dabei entsteht Kohlensäure, die in der Lage ist, selbst dickwandige Flaschen zu sprengen – zwei bis drei Prozent einer Jahresproduktion explodieren auf diese Weise. Zwischen einem und drei Jahren gärt der zukünftige Champagner in den Flaschen. Dann entfernt man maschinell den in den Flaschen entstandenen

Links:
Über die komplizierte und aufwendige Herstellung des Champagners kann man sich in der Kellerei De Castellane informieren und ebenso von den edlen Tropfen probieren.

Oben:
Epernay, südlich von Reims, ist das Zentrum der Champagnerproduktion. In der Kellerei Castellane lagert im Keller Flasche neben Flasche – ein gigantischer flüssiger Reichtum.

Niederschlag und süßt gegebenenfalls etwas nach. Und wieder müssen die Flaschen ruhen, denn erst nach insgesamt drei bis vier Jahren ist hervorragender Champagner ausgereift. Dabei ist die erste Weinmischung (assemblage) entscheidend, weshalb jede Champagnerfirma das Rezept, nach dem der diesjährige Wein mit Reserveweinen früherer Jahrgänge vermischt wird, als absolutes Betriebsgeheimnis hütet. Das gilt für die Champagner ohne Jahresbezeichnung. Dagegen werden Jahrgangs-Champagner ausschließlich aus den Weinen eines besonders guten Jahrgangs gemischt.

Rechts von oben nach unten: *Kostbare Reben in den nördlichsten Weinbergen Frankreichs, hier bei Hautvilliers: aus diesen Trauben entsteht der edle Champagner. Damit sie auch bei Minustemperaturen keinen Schaden nehmen, stellen die Winzer Heizöfchen zwischen die Reben. Zum Schutz vor naschsüchtigen Vögeln spannt man Netze über die Reben, und künstlich bewässert werden die Weinberge auch.*

Für stets hohe Qualität sorgen die legendären Herstellerfirmen mit Namen, die jedem Champagnerfreund auf der Zunge prickeln: Veuve Cliquot, Lanson, Pommery.

Die gekelterten Trauben müssen unter stabilen Temperaturen in der Flasche gären. Kilometerweit ist der Untergrund von Epernay von Stollen durchzogen, die ideale Bedingungen dafür bieten.

Rechte Seite:
Ein idyllisches Plätzchen: der Garten des Landhauses von Claude Monet in Giverny im Tal der Seine. Der Maler des Impressionismus lebte hier von 1883 bis zu seinem Tod im Jahre 1926 und fand in seinem einzigartigen Garten Motive für weltberühmte Werke wie seine Seerosenbilder.

Das Rathaus in Calais wurde im flämischen Renaissancestil 1910 bis 1922 erbaut. Vor dem Hôtel de Ville erinnert ein überlebensgroßes Bronzedenkmal des Bildhauers Auguste Rodin an sechs heldenhafte Bürger der Stadt, die sich 1346 freiwillig an die Engländer ausliefern ließen, um ihre Stadt zu retten.

Die Altstadt von Caen, einem wirtschaftlichen Zentrum der Normandie, wurde im Zweiten Weltkrieg stark zerstört und wieder aufgebaut. Berühmte Spezialität von Caen, der Hauptstadt des Départements Calvados, sind Kutteln – als „tripes à la mode de Caen“ oder als „tripes au Calvados“.

Links:
Fécamp in der Normandie ist nicht nur bekannt als bedeutender Wallfahrtsort des Mittelalters, sondern auch für seinen Benediktinerlikör, Bénédictine, der aus 27 Kräutern, die an der heimischen Steilküste wachsen, destilliert wird. Wichtig für die Stadt am Ärmelkanal sind die drei Häfen (Fischerei-, Yacht- und Handelshafen), die eine wichtige Einnahmequelle darstellen.

Unten:
Das französische Seebad Étretat ist bekannt für die steilen Felsklippen und die Kreidefelsen mit ihren spektakulären Formationen. Der „Falaise d'Aval" im Westen gleicht einem gewaltigen Torbogen. Den französischen Schriftsteller Guy de Maupassant, der viele Jahre seines Lebens in Étretat verbrachte, erinnerte dieser Felsen an einen Elefanten.

Rechts:
Abgefüllt in Flaschen kann man den Calvados mit nach Hause nehmen. Im Gegensatz zu dem eher schwach alkoholhaltigen Cidre hat der Calvados oft mehr als 40 Prozent.

Oben:
Eine flüssige Spezialität der Normandie ist der Calvados, der aus dem Apfelwein Cidre gewonnen wird. In den Eichenfässern erhält er seine bräunliche Färbung und sein Bouquet.

Rechts:
Es müssen nicht immer Kathedralen sein: In Beaumont-en-Auge in der Normandie bezaubern pittoreske kleine Häuser in malerischen Gassen.

Links:
Wenn man in der Normandie den cremig-kräftigen Camembert aus Rohmilch kauft, wird man gefragt, wann man ihn zu essen gedenkt, und bekommt dann ein Exemplar, das genau den richtigen Reifepunkt erreicht hat.

Die malerische Hafenstad
Honfleur hat schon im
19. Jahrhundert Künstler
fasziniert und entwickelte
sich zu einer regelrechten
Künstlerkolonie. Heute
kann man in den verwinke

ten Gassen und im alten Hafen Fischer-Romantik pur erleben. Honfleur zählt zu den schönsten Orten an der Côte Fleurie und zieht seine Besucher immer wieder in den Bann.

Linke Seite:
Mont Saint-Michel: Eine Kultstätte war der 80 Meter hohe Granitfelsen im Meer schon in römischer Zeit. Im 8. Jahrhundert erschien der Erzengel Michael dem Bischof von Avranches und beauftragte ihn, auf diesen Felsen eine Kapelle zu bauen. Von da an hörten die Bauarbeiten bis weit ins 16. Jahrhundert nicht mehr auf. Immer wieder stürzten Gebäudeteile ein oder Feuer vernichtete die mühsam wachsende „Pyramide der Meere". Damals wie heute hatte man mit den Gezeiten zu kämpfen – die Tide ist mit 15 Metern die höchste in Frankreich.

Unten links und rechts:
Die Trakte des Benediktinerklosters in Mont Saint-Michel sind zu verschiedenen Zeiten entstanden. Berühmt ist der gotische Klostertrakt aus dem 13. Jahrhundert mit seinen elegant gewölbten Decken und den zierlichen Säulen – „La Merveille" (links). In der Abtei finden sich natürlich auch Darstellungen des Namenspatrons, des Erzengel Michaels (rechts).

Oben rechts und links:
Aber auch das leibliche Wohl kommt in Mont Saint-Michel nicht zu kurz. Die elegante Variante eines Pilger-Gasthauses: das Restaurant La Mère Poulard.

Unten und rechts: *„Lands end" ist in Quiberon an der Côte Sauvage, der „wilden Küste". Die Bretagne ist das Land der Kelten, die im 5. und 6. Jahrhundert v. Chr. hier landeten und später den Römern unter Vercingetorix unterlagen. 400 Jahre blieb die Bretagne unter römischer Herrschaft. 460 n. Chr. kamen Einwanderer germanischer Sachsen und Angeln aus England, die jene Sagen und Mythen mitbrachten, denen man in der Bretagne an jeder Ecke begegnet.*

Links und linke Seite:
Die Küste zwischen Saint-Brieuc und Morlaix wird „Côte du Granit Rose“ genannt. Die Felsen sind ein Überrest eines 4000 Meter hohen Granitgebirges, und heute noch um die 400 Meter hoch. Wind und Wellen haben die rosenfarbenen Granitfelsen abgeschliffen und bizarre Muster und Gestalten, hier bei Ploumanach, daraus geformt.

Sicher und geschützt duckt sich dieses Häuschen, Le Gouffre, zwischen die bretonischen Felsen.

Unten:
Die Île d'Oléron ist berühmt für ihre Austernzucht und die langen Sandstrände. Mit dem Festland ist die Insel mit einer über drei Kilometer langen Brücke verbunden.

Bilder rechts:
Frankreich ist das bedeutendste Herkunftsland für Austern europaweit. Hier kommt nur frische, lebende Ware auf den Markt. Der größere Anteil wird in Frankreich selber konsumiert und der Rest wird exportiert. Heute werden Austern fast ausschließlich in Aquakulturen gezüchtet um einer Überfischung gegenzusteuern. Dabei werden in der Gezeitenzone die Austern in netzähnliche Säcke gepackt und auf große Tische ausgelegt, wie hier in Ronce les Bains (Bild ganz unten). So sind sie bei Flut unter Wasser und bei Ebbe kann die Fläche gut bewirtschaftet werden, ohne dass man nasse Füße bekommt.

Links:
Quimper, die traditionsreiche Hauptstadt des Département Finistère, ist berühmt für seine Porzellan-Manufaktur. Beherrscht wird das Stadtbild von der weithin sichtbaren Cathédrale Saint Corentin. Von der Rue Kéréon hat man einen besonders schönen Blick auf die Kathedrale mit ihren spitz in den Himmel ragenden Türmen.

Rechts oben:
Die alten Traditionen leben: Ein Fünftel der 2,5 Millionen Bretonen sprechen noch das keltische Idiom, das in mehr als 70 Dialekten existiert. Mindestens 500 verschiedene Heilige gibt es in der Bretagne, 66 verschiedene Trachten und die kostbaren Spitzenhäubchen der Frauen (Coiffe) gibt es in 89 Variationen. Diese kleinen Wunderwerke können bis zu 35 Zentimeter hoch sein und werden zu besonderen Anlässen wie der Fête des Brodeuses in Pont l'Abbé getragen.

Rechts:
Eine Besonderheit sind die „geschlossenen Pfarrbezirke" in der Bretagne. Zu einem solchen „enclos paroissial" gehören eine Kirche, ein Beinhaus, ein Triumphtor und ein Kalvarienberg. Die umfriedeten Pfarrbezirke entstanden zwischen Mitte des 15. und Anfang des 17. Jahrhunderts. Der Kalvarienberg von Pleyben zählt zu den schönsten der Bretagne.

Unten:
Zwischen den beiden Türmen im Hafen von La Rochelle, die aus dem 14. Jahrhundert stammen, war früher eine Kette gespannt, um den Hafen nachts für fremde Schiffe zu sperren. La Rochelle ist mit seinen schönen alten Häusern aus dem 15. Jahrhundert eine der schönsten Hafenstädte Frankreichs.

Rechts oben
Saint-Martin-de-Ré ist de Hauptort der Insel Île de Ré an der Atlantikküste. Di 28 Kilometer lange unc bis zu sieben Kilomete breite Insel ist ringsum von Sandstränden unc Dünen umgeben. Auße mit der Fähre kann mar

die Insel über eine drei Kilometer lange Brücke von La Pallice bei La Rochelle aus erreichen. Besonders der Hafen mit seinem Seefahrerviertel und die zahlreichen Restaurants und Bistros laden zum Verweilen ein.

Rechts unten: *Blau wie der Himmel und das Meer, weiß wie die Gischt und die Nebelschwaden sind die Farben der Bretagne. Hinzu gesellen sich warme Ocker- und Rottöne der Felsen und der Sandstrände, hier der Strand von Dinard.*

Oben:
Die Kalksteinklippen an der Steilküste von Meschers-sur-Gironde laden zu einer ungewöhnlichen Entdeckungstour ein.

Rechts:
Überall kann man sie sehen, die Fischerhütten „Cabanes“, wie hier in Saint-Palais-sur-Mer. Durch den rückläufigen Fischbestand haben sie wirtschaftlich nicht mehr die Bedeutung von einst, aber ihren besonderen Charme haben sie behalten.

Links:
Nördlich von La Rochelle liegt die kleine Gemeinde Talmont direkt am Mündungstrichter der Gironde. Das früher vom Fischfang, Weinanbau und von der Landwirtschaft lebende Dorf profitiert heute von den steigenden Besucherzahlen. Bekannt ist es hauptsächlich für seine Kirche Ste-Radegonde und deren Architektur.

Unten:
An der Mündungsbucht der Gironde, auf einer ins Meer reichenden Uferklippe von Talmont-sur-Gironde, präsentiert sich die romanische Kirche Ste-Radegonde. Das gut erhaltene Gotteshaus stammt aus dem 12. Jahrhundert.

Links:
Wer auf die Spitze der Dune du Pilat möchte, kann sich auf der steilen Ostseite durch den tiefen Sand empor kämpfen oder an der nordöstlichen Seite über eine Treppe den Kamm der Düne erklimmen. Für den fantastischen Ausblick lohnt sich der Aufstieg allemal.

Links Mitte:
Den Sonnenuntergang genießen auf der größten Sanddüne Europas: Dune du Pilat. Die 115 Meter hohe und fast drei Kilometer lange Düne liegt südwestlich von Arcachon

Links unten:
Wellenreiten vor Biscarrosse-Plage. Der eigentliche alte Ort Biscarrosse liegt zehn Kilometer landeinwärts.

Unten:
Die „Silberküste" Aquitaniens ist mit 200 Kilometern Länge, mehreren Dünengebieten und Strandseen (étangs) ein Paradies für Strandläufer, Schwimmer und Surfer. Auf der gigantischen Dune du Pilat südlich von Arcachon fühlt man sich in die endlosen Weiten einer Sandwüste versetzt.

Nostalgischen Charme versprüht das elegante Biarritz, eine beliebte Sommerfrische von Napoléon II. und Kaiserin Eugénie. Ihnen folgten unzählige Berühmtheiten (wie Bismarck) und Künstler, die das Klima, die elegante Promenade und die prachtvollen Teesalons zu schätzen wussten …

Linke Seite:
Bordeaux bürgt mit seinem Namen für hervorragende Weine, die der Stadt und der Region (Département Gironde) stabilen Wohlstand gebracht haben. Victor Hugo bezeichnete Bordeaux als „Mischung aus Antwerpen und Versailles". Davon künden viele Bauwerke im Stadtzentrum. Die Kathedrale Saint-André ist mit ihren 127 Meter Länge eine der größten Frankreichs. Auf deren separat gebauten Glockenturm „Tour Pey-Berland" befindet sich der höchste Aussichtspunkt der Stadt.

Den vom Land aus gesehen rechts neben dem Hafenbecken von Biarritz vorgelagerten Felsen „Rocher du Basta" kann man zu Fuß über eine Brücke erreichen.

BAR de la POSTE
SALADERIE CREPERIE TERRASSE

Links:
Seit dem 17. Jahrhundert ist St-Emilion eine bekannte Weinmetropole mit einer alten Tradition des Weinanbaus. Eine Attraktion des Ortes ist die vollständig aus einem Felsen geschlagene Kirche („Église monolithe“), die Mönche zwischen dem 9. und dem 12. Jahrhundert geschaffen hatten – rund um das Grab des wundertätigen Eremiten Aemilianus.

Unten:
Die Qualität der in St-Emilion produzierten Weine wird seit acht Jahrhunderten von den „Jurats“ kontrolliert, einem gewählten Gremium aus Weinkennern. Mit eigener Zunge nachprüfen kann man die Qualität der St-Emilion-Weine in den Weinkellern.

Links:
Am Ufer der Dronne befindet man sich im Herzen des Périgord. In einer lieblichen Landschaft am Fluss liegt auch Brantôme. Henry Miller behauptete über das Périgord, es sei „das Paradies der Franzosen“.

Oben:
Im Périgord wird selbstverständlich auch exzellent gegessen. In Sarlat, dem Hauptort der Périgord Noir, kann man sich in diversen Feinschmeckergeschäften eindecken – bon appétit!

Unten:
Der Parc National des Pyrénées erstreckt sich über 100 Kilometer entlang der spanischen Grenze – hier das Néouvielle-Massiv mit den beiden Seen Lac d'Aubert und Lac d'Aumar.

Rechts oben:
Wenn es Sommer wurde, schlossen die literarischen Salons des 19. Jahrhunderts in Paris ihre Pforten und machten sich mit Sack und Pack auf in die Pyrenäen. Erholung und

Heilung suchten sie in den Kurorten der Berge. Schmuckstück von Pau, der Hauptstadt der Pyrénées-Atlantiques, ist der Boulevard des Pyrénées.

Rechts Mitte: *Schon im 19. Jahrhundert war die heilende Wirkung des Pyrenäen-Wassers bekannt. Auch das idyllische Eaux-Bonnes profitiert davon, es ist ein bekanntes Heilbad.*

Rechts unten: *Der Kreuzgang des Klosters St-Salvy in Albi wurde im 13. Jahrhundert an die auf karolingischen Grundmauern errichtete Kirche angebaut.*

In Schloss Villandry kann man die Kunst der aus Italien nach Frankreich eingewanderten Gartenbauer der Renaissance bewundern; sie unterteilten das Areal durch Achsen und fassten die an geometrische Puzzlestücke erinnernden Areale mit Buchshecken ein. Auf diese Weise entstanden kunstvolle Gemüse- und Blumengärten, die mit Baumalleen, Brunnen und Laubengänge aufgelockert wurden.

Die Mitte Frankreichs wartet mit einer geradezu unmäßigen Vielfalt an leiblichen Genüssen auf – Cognac aus Poitou-Charentes und die berühmten Burgunderweine, tausend Senfsorten aus Dijon, stundenlang aus Charolais-Rindfleisch geschmortes „Bœuf Bourguignon", weintrunkenes Hühnchen „Coq au vin", Trüffel aus dem Périgord, Austern von der Île d'Oléron und Cantal-Käse aus der Auvergne, nicht zu vergessen die berühmte Crème de Cassis, die mit Champagner veredelt, zum Kir Royal wird.

Ebenso berühmt wie die Küche und die verschwiegenen Kanäle Burgunds ist die Abtei von Cluny, die bis zum Mittelalter eine enorme geistige Potenz darstellte. Gegenüber den Äbten musste, ähnlich wie bei den Päpsten, ein Treuegelöbnis abgelegt werden.

Wahrscheinlich ist es kaum ein Zufall, dass Rabelais die sinnenfrohen Abenteuer seiner Riesen Pantagruel und Gargantua an der Loire, der „Pulsader Frankreichs" spielen ließ. Das Loire-Tal ist mit seinen lieblichen Landschaften und dem milden Klima ein Garten Frankreichs – Balzac nannte es schwärmerisch „Tal der Liebe" und hielt es für den Inbegriff Frankreichs. Geografisch ist mit dem Loire-Tal der Mittellauf des „königlichen Flusses" zwischen Gien und Angers gemeint. Wahrhaft königlich sind die Loire-Schlösser wie Schloss Chambord mit seinen 440 Räumen und der architektonisch kühnen Dachlandschaft, Schloss Cheverny, eines der spätesten Loire-Schlösser, Schloss Chenonceau, das als „Schloss der Frauen" in die Historie einging, weil sich Diane de Poitiers und Katharina von Medici darum stritten, und die Königsresidenz Blois, in der Katharina von Medici starb; das Schloss von Amboise und der Herrensitz Clos-Lucé, wo Leonardo da Vinci viele Jahre bis zu seinem Tod lebte.

Unten:
Hoch über Saumur, der „Perle des Anjou", thront das Schloss auf einem Tuff-Felsen, an dessen Fuß die Loire und der Nebenarm Thouet fließen. Das wohlproportionierte Gebäude entstand im 14. Jahrhundert, diente unter Ludwig XIV. als Gefängnis und zwischen 1810 und 1815 sogar als Staatsgefängnis.

Rechts oben:
Schloss Chenonceau war das erste eigentliche Renaissanceschloss Frankreichs. 1515 ließ es Thomas Bohier, Schatzmeister diverser französischer Könige, erbauen und interessanterweise überließ er die Bauleitung seiner Frau Cathérine. Nach dem Tod des Ehepaars fiel der Besitz an König Henri II., der das Schloss 1546 seiner Mätresse Diane de Poitiers schenkte.

Rechts Mitte und unten: *Die Konkurrenz zu Chenonceau: Das Lustschloss Azay-le-Rideau wurde zwischen 1518 und 1527 auf Pfählen im Flussbett der Indre gebaut. Das Speisezimmer (Mitte) dominiert ein großer Kamin, den der Bildhauer Auguste Rodin später nach einer Originalvorlage gestaltete. An den Wänden hängen kostbare flämische Tapisserien aus dem 16. Jahrhundert. In eben jenem Jahrhundert gehörte es Gilles Berthelot, der es jedoch wegen eines Veruntreuungsverfahrens an François I. verlor.*

Unten:
Orléans liegt idyllisch am Loire-Ufer. Allerdings täuscht die Idylle ein wenig: ein großer Teil des historischen Stadtkerns wurde 1940 durch Bomben zerstört. Jeanne d'Arc befreite die Stadt 1429 von den Engländern.

Unten:
Boote auf der Loire bei Bréhémont, einem malerischen Örtchen in der Nähe des Märchenschlosses von Ussé.

Rechts:
Bekannt ist das Städtchen Azay-le-Rideau am Fluss Indre, zehn Kilometer südlich von Langeais, hauptsächlich durch sein Renaissanceschloss.

Rechts:
Auf der nahezu quadratischen Place Plumereau in Tours wurden bis ins 14. Jahrhundert Federn und Blumenblüten verkauft, die man der damaligen Mode zufolge als Hutschmuck benutzte – daher der ungewöhnliche Name. Heute sind die Cafés der Place Plumereau ein beliebter Treffpunkt.

AU BUREAU
RESTAURATION PERMANENTE
AU BUREAU
AU BUREAU
AU BUREAU

Linke Seite und links:
Als das größte und prächtigste Loire-Schloss gilt Chambord mit seinen 440 Räumen und 365 Türmchen und Kaminen. Gebaut wurde es im Jahre 1519 von König François I., der hier seiner Jagdleidenschaft nachging. Den 5500 Hektar großen Schlosspark ließ er von einer 32 Kilometer langen Mauer einfassen und plante überall Aussichtsterrassen, damit er und seine Gäste die Jagd verfolgen konnten, als fände sie auf einer Theaterbühne statt. Diese wurden jedoch erst Generationen später vollendet, nämlich unter Ludwig XIV. Bei den Festen, die der Sonnenkönig in Chambord durchführte, zeigte Molière seine Theaterstücke. Seit 1930 gehören Schloss und Schlosspark dem französischen Staat, was aber zunächst nicht das Ende eleganter Jagdgesellschaften bedeutete. Erst François Mitterrand schaffte dieses exklusive Vergnügen ab.

Links:
Ein Dornröschenschloss wie aus dem Märchenbuch ist das Château d'Ussé, das Anfang des 16. Jahrhunderts auf den Grundmauern einer mittelalterlichen Festung erbaut wurde.

NAPOLEON, KAISER DER FRANZOSEN

Welch ein Schicksal: Ein Zufalls-Franzose von einer armen Mittelmeerinsel wird Kaiser der Franzosen und Herrscher über halb Europa. Im Land selbst begründet er eine moderne Verwaltung und Infrastruktur, baut das Straßennetz aus und reformiert das Erziehungssystem; entwirft ein Bürgerliches Gesetzbuch (den „Code Civil"), das noch zweihundert Jahre später Grundlage der französischen Gesetzgebung ist. Er entwirft die Vision von Frankreich als der „Grande Nation" und setzt sie in zahllosen siegreichen Schlachten gegen konkurrierende Mächte durch. Er erlebt auf dem Höhepunkt seines Glanzes und seiner Macht zwei entscheidende militärische und politische Niederlagen (den Russlandfeldzug 1812, die Völkerschlacht bei Leipzig 1813), wird ins Exil nach Elba geschickt, kehrt aber nur ein Jahr später nach Frankreich und in seine Machtposition zurück – ein kurzes Aufflackern vor der endgültigen Niederlage, die ihm die Preußen und die Briten in der Schlacht von Waterloo bereiten. Er muss sich seinem Erzfeind England ergeben und wird lebenslänglich auf die unwirtliche Insel St. Helena im Südatlantik verbannt. Doch ausgerechnet diese sechs Jahre der Verbannung bis zu seinem Tod 1821 tragen zu seinem späteren Ruhm erheblich bei und machen aus dem Korsen Napoleon Bonaparte endgültig einen Mythos.

Franzose nur durch Zufall

Franzose ist Napoleon Bonaparte nur aus Zufall, denn die Genueser haben die Insel Korsika erst ein Jahr zuvor an Frankreich verkauft, als er am 15. August 1769 geboren wird. Seine Familie gehört zum verarmten korsischen Adel, der Vater stirbt früh und Napoleon besucht als Kadett die École Militaire in Paris. In der Examensliste soll neben Bonapartes Namen gestanden haben: „Korse von Geburt und Charakter, wird dieser junge Mann es weit bringen, wenn die Umstände ihm günstig sind."

Die Umstände sind ihm günstig, nur noch nicht sofort. Zunächst ist der 16jährige Offizier der französischen Armee. Corneille kann er auswendig deklamieren, im Regiment hat er etwas Kriegskunst gelernt, doch „außer Mathematik, Artillerie und Plutarch" beherrscht er im Grunde nichts. Allerdings besitzt er die Fähigkeit, „mit einer unglaublichen Schnelligkeit neue Ideen zu finden" (Stendhal) und Informationen zu den entlegensten Themen aufzusaugen wie ein Schwamm.

Mit 25 Jahren sieht Napoleons Zukunft düster aus, denn er ist in Ungnade gefallen und niemand aus seiner Umgebung, am wenigsten er selbst, hätte wohl für möglich gehalten, dass er nur sechs Jahre später Herrscher von Frankreich sein würde. Stationen dieser Karriere waren eine erfolgreiche militärische Mission in Italien, ein siegreicher Feldzug in Ägypten sowie die Fähigkeit, die politischen Ränke der verschiedenen Revolutionsfraktionen geschickt für sich zu nutzen. 1799 lässt er sich durch Plebiszit zum Konsul wählen, kurze Zeit später wird er Konsul auf Lebenszeit, 1804 krönt er sich zum Kaiser.

„Napoleon war nicht von dem Holz, woraus man die Könige macht, er war von jenem Marmor, woraus man Götter macht," schrieb Heinrich Heine. Zum Halbgott wurde Napoleon für viele Franzosen schon während seiner sechsjährigen Verbannung auf St. Helena. Immerhin hielt es die britische Regierung für notwendig, den Gefangenen General Bonaparte (als Kaiser durfte er nicht tituliert werden) von einem massiven Militäraufgebot bewachen zu lassen: 2280 Soldaten, davon 500 Offiziere, zwei Briggs, die ständig entlang der Küste patrouillierten, und 500 Kanonen hielten den unbewaffneten Ex-Kaiser in Schach. Doch psychologisch erwies sich Napoleon Bonaparte als stärker: Systematisch arbeitet er an seinem Nachruhm (indem er seine umfangreichen Lebenserinnerungen diktiert), entwirft Pläne, Lateinamerika zu einen und zu befreien, legt mit kärglichen Mitteln eine imposante Gartenanlage an und führt einen ebenso zermürbenden wie brillanten Privatkrieg gegen seinen Oberbewacher, den britischen Militärkommandanten der Insel.

1821 stirbt Napoleon Bonaparte an einem nicht behandelten Magenkrebs, und da man sich nicht einigen kann, welcher Name auf seinen Grabstein soll, wird er namenlos begraben. Und doch kehrt Napoleon als Kaiser der Franzosen zurück nach Frankreich, denn sein Leichnam wird später mit großem Prunk in der Krypta des Invalidendoms bestattet.

Links:
Drei Offiziere einer Untergrundarmee, die in Verbindung mit Napoleons Erzfeind England standen, wollten Ludwig XVIII. auf den Thron zurückbringen. Getarnt als Branntweinschmuggler, zündeten sie am Heiligabend 1800 ein Pulverfass in der Rue Saint-Nicaise, als Napoleon samt Familie in einer Kutsche zur Oper fuhr. Doch Napoleon blieb unverletzt, dafür wurden neun Menschen getötet und sechsundzwanzig schwer verletzt.

Oben:
Genau 35 Jahre war Napoleon Bonaparte alt, als er sich am Morgen des 2. Dezember 1804 in der Kathedrale Notre Dame de Paris eigenhändig die goldene Lorbeerkrone aufs Haupt setzte, während der Chor „Vivat Imperator in aeternum" sang, „ewig lebe der Kaiser". Anschließend setzte der frisch gesalbte Kaiser Joséphine die Krone auf.

Rechts:
Kaiser der Franzosen – Napoleon auf dem Höhepunkt seiner Macht: 1806 malte Jean-Dominique-Auguste Ingres das Historienbild.

Links:
Joséphine hieß eigentlich Rose de Beauharnais, doch weil Napoleon der Name nicht gefiel, taufte er sie um. Sie stammte aus einer adeligen Familie von der Karibikinsel Martinique.

Links:
Nevers ist ein kleines Schmuckstück Burgunds, abseits der ausgetretenen Pfade malerisch an einer Loire-Schleife gelegen. In der Kathedrale St-Cyr-et-Ste-Julitte findet man alle Baustile vom 12. bis zum 16. Jahrhundert wieder. Im Kloster St-Gilard starb Bernadette, jenes Hirtenmädchen, das in Lourdes die Marienerscheinung hatte. Nach ihrer Heiligsprechung 1933 wurde das Kloster zu einer wichtigen Wallfahrtsstätte.

Oben:
Porzellan-Liebhaber besuchen die Stadt Nevers in Burgund wegen ihrer Fayencen, die seit 1565 hergestellt werden. Ihre Blüte hatte die Keramikherstellung im 17. Jahrhundert.

Die Kathedrale St-Lazare in Autun hat eine kuriose Entstehungsgeschichte. Weil die Mauren im 8. Jahrhundert die Provence überfielen, wurden die Gebeine des Märtyrers Lazarus nach Autun gebracht, um sie vor dem Zugriff der Araber zu schützen. Jahrhundertelang blieben sie unbeachtet, erst im 12. Jahrhundert entdeckte man, dass sich mit Reliquien Geld verdienen lässt. 1120 wurde der Grundstein der Kathedrale St-Lazare gelegt.

Linke Seite:
In Beaune, der Hauptstadt des Burgunderweins, gründete der Finanzfachmann Rolin 1443 das Hospiz Hôtel-Dieu und überschrieb der karitativen Einrichtung einige Weinberge, mit deren Ertrag die Zukunft des Hospiz gesichert werden sollte – eine Entscheidung, die bis heute funktioniert. Bis in die 1970er Jahre existierte das Hôtel-Dieu als Krankenhaus, dann wurde hier ein Museum eingerichtet.

Das Innere des Hôtel-Dieu, des berühmten Hospizes für Arme und Kranke in Beaune, kann heute besichtigt werden. Wegen Platzmangel mussten häufig zwei Patienten in einem der Betten mit hölzernen Alkoven liegen.

Oben und rechts: *Spätestens seit den Zeiten der Römer wird in Burgund hochwertiger Wein angebaut, wahrscheinlich aber kamen die ersten Weinstöcke sogar schon mit den Griechen um 600 v. Chr. hierher. Die berühmtesten Weinregionen sind Chablis, Côte de Beaune und Haut-Côte de Beaune, Mâcon-Village und Mâconnais. Die Weinberge von Meursault liegen im Herzen des Côte du Beaune. Im Weinmuseum von Beaune erfährt man alles rund um die edlen Tropfen.*

Links:
Umgeben von grünen Wäldern und fruchtbaren Feldern liegt Château La Rochepot. In den Revolutionskriegen wurde es fast völlig zerstört, die Dorfbewohner benutzten die Steine aus der Ruine zum Häuserbauen. Ab 1893 bauten die neuen Besitzer, Familie Carnot, das Schloss wieder auf.

Unten:
Die mittelalterliche Festung Semur-en-Auxois am Ufer des Armançon galt lange Zeit als uneinnehmbar. In der Pfarrkirche Notre-Dame befindet sich eine Grablegungsgruppe aus dem 15. Jahrhundert von Juan de la Huerta.

Unten:
Das schönste Gebäude in der sehenswerten Altstadt von Auxerre ist die Tour de l'Horloge, der Uhrturm. Seit 1483 zeigt die mit Goldschmuck verzierte große Uhr den Bürgern der Stadt die Zeit an.

Rechts
Die Abtei von Fontena ist eines der am beste erhaltenen Klöster de Zisterzienserordens un wurde von der UNESC zum Weltkulturerb erklärt. Bernhard vo Clairvaux gründete da im 12. Jahrhunder entstandene Kloste

Oben:
In Burgund ähneln viele Weingüter Schlössern oder aber richtige Schlösser wurden zu solchen umfunktioniert: Das Château Aloxe-Corton.

Unten:
„Land der hundert Vulkane" nennt man die Auvergne im Massif Central. Der Gipfel Puy Mary, hier vom Col de Neronne aus gesehen, ist der Überrest eines einst 3000 Meter hohen Vulkans. Seine Lava ist der Ursprung der fruchtbaren Ebenen, die das Gesicht der Auvergne prägen.

Rechts oben:
Davon, dass das Städtchen Salers im 15. Jahrhundert eine bedeutendere Rolle als heutzutage spielte, zeugen die Festungswälle und zahlreiche alte Häuser. Doch sein Name ist immer noch in aller Munde: als gleichnamiger Käse, einer Rinderrasse und einem Enzianlikör.

Rechts Mitte
Das Château de Val aus dem 15. Jahrhundert be Bort hat eine besondere Lage: Durch die Talsperre

Barrage de Bort wurde das Wasser der Dordogne fast bis an die Mauern des Schlosses gestaut.

Rechts unten: *Die beiden Zedern vor ihrem großen Haus in Nohant pflanzte die Schriftstellerin George Sand anlässlich der Geburt ihrer beiden Kinder – für den Sohn Maurice 1823 und für die Tochter Solange 1828. Im Garten ist George Sand mit ihrer Familie begraben.*

Der Süden Frankreichs – ein Land der Maler

Lavendel – der Duft und die Farbe der Provence. Die blauen Blüten sind neben Jasmin und Rosen die Grundnote französischer Parfums.

Im Midi erregen sich die Sinne, die Hand wird gewandter, das Auge schärfer, der Verstand klarer ..." (Vincent van Gogh). Der Süden Frankreichs ist das Land der Maler. Fasziniert vom besonderen Licht der Provence und der Côte d'Azur waren Vincent van Gogh und der in Aix-en-Provence geborene Paul Cézanne. Auch Georges Braques zog es wie die französischen Fauvisten in den Süden. Spätestens nach Braques berühmtem Bild „Maisons de l'Estaque" (1908) gilt der provenzalische Ort als Wiege der französischen Malerei. Picasso dagegen zog Antibes, den romantischen Ort an der Côte d'Azur, vor.

Übrigens erlag van Gogh einem schon damals weitverbreiteten Irrtum, als er die Provence als „Midi" – Süden bezeichnete. Südfranzosen bestehen darauf, dass man unter dem „Midi" ausschließlich den Übergang von der Provence zu Katalonien zu verstehen hat, womit also die Region Languedoc-Roussillon gemeint ist. Städte wie Nîmes und Montpellier gehören zum Midi, natürlich der Canal du Midi und die Cité de Carcassonne – die beiden letzteren hat die UNESCO zum Weltkulturerbe der Menschheit erklärt. Doch für alle, die von Norden kommen, fängt der wirkliche Süden schon im Rhônetal an. Er kündigt sich an mit einer plötzlich eintretenden Leichtigkeit des Seins in Verbindung mit seidiger Luft, dem Duft von Lavendel, dem Gesang der Zikaden, langsamer tickenden Uhren, dem Geschmack von reifen Oliven und dem sanft klickenden Geräusch jener Kugeln, die unweigerlich auf jedem Dorfplatz unter Platanen rollen – das Pétanque-Spiel ist in Frankreichs Süden so etwas wie eine nationale Leidenschaft.

Die Reichen und die Schönen, die Stars und die Sternchen, die „jeunesse dorée" und der internationale Jetset treffen sich in St-Tropez, St-Raphael, Cannes, Antibes und Nizza. Doch das prachtvollste Juwel dieser an Schmuck nicht armen Gegend ist: „la mer", das unglaublich blaue Mittelmeer, das einfach so mit dem tief azurblauen Himmel verschwimmt.

Rechte Seite:
Das malerische Städtchen Annecy liegt am Nordende des gleichnamigen Sees vor eindrucksvoller Bergkulisse. Hier lebte Jean-Jacques Rousseau, nachdem er aus seinem Elternhaus in Genf geflohen war.

Chamonix-Mont-Blanc, so der vollständige amtliche Name, meist nur Chamonix genannt, liegt inmitten einer traumhaft schönen Gebirgslandschaft. Überragt wird der Ort von dem höchsten Berg der Alpen, dem 4810 Meter hohen Mont Blanc. Für viele Bergsteiger ist die Besteigung des „weißen Berges" ein absoluter Höhepunkt. 1924 war Chamonix Austragungsort der ersten Olympischen Winterspiele.

Die Römerstadt Annecy ist von Kanälen durchzogen. Das Palais de l'Isle wurde im 12. Jahrhundert auf eine natürliche Insel gebaut und wurde als Gefängnis, Justizpalast und Münze benutzt, bevor es in ein Museum umgewandelt wurde.

Seite 104/105:
Im Lac Blanc spiegelt sich das gewaltige Mont-Blanc-Massiv dessen Gipfel mit 4810 Metern der höchste der Alpen ist. Bestiegen wurde er erstmalig 1786 von dem Arzt Michel Paccard und dem Bauern Jacques Balmat.

Links:
Vaison-la-Romaine ist eine Gemeinde in der Region Provence-Alpes-Côtes d'Azur. Bekannt ist der Ort als größte französische Ausgrabungsstätte. Die römischen Funde stammen aus dem 1. und 2. Jahrhundert n. Ch. und bieten dem Besucher beeindruckende Einblicke in die damalige Architektur.

Unten:
Umgeben von Lavendelfeldern schmiegt sich Grignan um das prächtige Renaissance-Schloss aus dem 16. Jahrhundert. Die Briefeschreiberin Marquise de Sévigné lebte hier bis zu ihrem Tod im Jahre 1696. Durch die Briefe an ihre Tochter, wurde nicht nur Marquise de Sévigné als Autorin berühmt, sondern auch die Stadt Grignan erlangte so Bekanntheit.

Unten:
Wenn man von Norden kommt, hat man in Orange endgültig die Provence erreicht. Die alte Römerstadt ist im Sommer Bühne zahlreicher Konzerte und Theateraufführungen, von denen viele im antiken Amphitheater stattfinden. Besonders eindrucksvoll ist die fast vollständig erhaltene, über zweitausend Jahre alte Bühnenwand.

Rechts oben:
Die „Maison Carrée" ist neben dem römischen Amphitheater, dem Augustustor und den Ruinen des antiken Wasserwerks das berühmteste Bauwerk aus

römischer Zeit in Nîmes. Der Tempel war den Söhnen des Statthalters Agrippa gewidmet. Im 16. Jahrhundert nutzte man den Tempel vorübergehend als Pferdestall.

Rechts unten: Das römische Colonia Julia Paterna Arelate Sextanorum (Arles) war ein lebendiges und reiches Handelszentrum, in dem Waren aus Arabien und Afrika, Spanien und dem damaligen Gallien umgeschlagen wurden. Arles liegt direkt an der Rhône, dem wasserreichsten Strom Frankreichs

Edle Essenzen – oder: Die Küche der tausend Wohlgerüche

Hätten Sie es gern zart-pudrig oder schwül-orientalisch? Versetzt ein blumig-fruchtiger Duft Sie in Hochstimmung oder eher ein würzig-weiblicher? Oder verliebt sich ihre Nase eher in frische „grüne" Düfte? Längst wissen wir, dass Liebe, bevor sie durch den Magen geht, erst mal die Nase passieren muss. In Sekundenbruchteilen erschnüffeln wir, ob wir jemand anderen riechen können, ob seine Geruchsaura zu unserer passt, oder ob wir angewidert die Nase rümpfen müssen. Die hohe Kunst des Parfümierens zeichnet „Riechbilder", die uns verführen, betören, berauschen. Man muss nicht unbedingt schön, jung, verführerisch und erfolgreich sein, man muss nur riechen, als wäre man es. Düfte wecken Gefühle. Sie erhöhen oder senken den Blutdruck, sie lassen das Herz langsamer oder schneller schlagen, sie schläfern ein oder putschen auf. Lavendel, Kamille, Zitrone und Sandelholz dämpfen die Gehirnaktivität wirksamer als Valium, während Jasmin, Rose, Pfefferminze und Nelke ebenso heftig anregen wie ein Tässchen schwarzer Kaffee – das haben klinische Untersuchungen bewiesen. Kein Wunder, dass sich die Zauberköche der weltbesten Parfümfirmen von Galimard bis Molinard, von Chanel bis Dior über die Formeln ihrer verführerischen Duftessenzen ausschweigen als wären es Staatsgeheimnisse.

Grasse – Welthauptstadt des Parfüms

Sie alle haben ihre Laboratorien im südfranzösischen Grasse. Die im Hinterland der Côte d'Azur thronende Welthauptstadt des Parfüms ist ein von den Göttern bevorzugtes Fleckchen Erde, geschützt von Bergen, die den kalten Nordwind abhalten, und mit enorm fruchtbaren Böden gesegnet, auf denen Rosen und Jasmin, Veilchen und Mimosen, Orangen und der unverzichtbare Lavendel vorzüglich gedeihen. Voilà, und schon ahnen wir, welche Blütendüfte in den Duft-Laboratorien der Stadt zuhauf benötigt werden. Seit dem 16. Jahrhundert weiß man in Grasse von den Geheimnissen der Duftkomposition, denn hier braute man schon damals duftende Essenzen, mit denen die vornehmen Herrschaften ihre kostbaren Handschuhe benetzten, auf dass die Hochwohlgeborenen wenigstens mit einem dezenten Feigenblatt-Parfümhauch von ihren ziemlich unedlen Körpergerüchen ablenken konnten. Bis weit ins 18. Jahrhundert stank die vornehme Gesellschaft übelst zum Himmel. Auch am Hof Ludwig XIV. hielt man Waschen und Körperhygiene für gesundheitsschädlich und übersalbte den Körperdreck lieber mit duftenden Essenzen. Oder, wie es Patrick Süßkind in seinem Roman „Das Parfum" schildert: „Zu der Zeit, von der wir reden, herrschte in den Städten ein für uns moderne Menschen kaum vorstellbarer Gestank. Es stanken die Straßen nach Mist, es stanken die Hinterhöfe nach Urin, es stanken die Treppenhäuser nach fauligem Holz und nach Rattendreck, die Küchen nach verdorbenem Kohl und Hammelfett." Nur Grenouille, Süßkinds Romanheld, strömt selbst nicht den kleinsten Hauch von Geruch aus. Dafür verfügt Grenouille über ein geradezu unmenschliches Riechorgan, das ihn in die Lage versetzt, Gerüche bis ins kleinste Detail zu spalten und zu erriechen. Besessen arbeitet er in Grasse an seinem Traum, den perfekten Duft zu entwickeln, sich eine alles beherrschende Geruchsaura zu schaffen, mit der er sich die Seelen der Menschen unterwerfen kann – sie sollen ihn „lieben bis zum Wahnsinn, bis zur Selbstaufgabe, zittern vor Entzücken sollten sie, schreien, weinen vor Wonne, ohne zu wissen, warum." Grenouille wird zum Mörder; er tötet junge Mädchen, um sich ihren Duft anzueignen, er wird gejagt und zum Tode verurteilt. Doch auf dem Hinrichtungsplatz geschieht ein Wunder – die geplante Hinrichtung artet zu einem gigantischen Bacchanal aus: Der Massenmörder „hatte sich eine Aura geschaffen, strahlender und wirkungsvoller, als sie je ein Mensch vor ihm besaß. Ein Wink von ihm, und alle würden ihrem Gott abschwören und ihn, den Großen Grenouille, anbeten."

Jenen magischen Duft des Grenouille sucht man in den Parfümerien natürlich vergeblich. Doch die heutigen Tempel der Wohlgerüche bieten eine solche Vielzahl an sinnenschmeichelnden Düften an, dass eine durchschnittliche Nase schier daran verzweifelt. Und manches Portemonnaie leert sich, wenn ein kostbarer

Links: *Tonnenweise Blüten: Für einen Liter Lavendelessenz benötigt man 200 Kilogramm Blüten; 10 000 Jasminblüten ergeben ein Kilo, doch um ein Kilo ätherisches Öl daraus zu gewinnen, braucht man 500 Kilogramm Jasminblüten, die in den Treibhäusern rund um Grasse gezogen werden.*

Flakon, ein mit goldenen Düften gefülltes Fläschchen, eine fingerhutgroße Menge konzentriertes Parfüm den Besitzer wechselt. Die edle Duftaura lassen wir uns einiges kosten. Doch wenn man weiß, dass allein für einen Liter Lavendelessenz 200 Kilogramm Lavendelblüten verbraucht werden, wundert man sich nicht mehr über hohe Preise für edles Parfüm. Man will schließlich immer gut riechen, heute vielleicht zart-pudrig, morgen blumig-orientalisch, und übermorgen frisch-grün oder vielleicht doch vanillig-würzig …

Oben:
Eine sehr feine und speziell geschulte Nase ist nötig, um aus den zahlreichen verschiedenen Duftessenzen „den" speziellen Duft zu kreieren.

Links von oben nach unten:
Der Duft von Zitronen, Orangen und Mandarinen wird durch Expression gewonnen (oben). Die zarten Blütenblätter des Jasmin und der Mimose werden für einige Tage auf ein Bett aus tierischen Fetten gelegt, das ihren Duft annimmt und mit Alkohol zu einer Essenz vermischt wird (Mitte). Lavendel, Patschouli und Geranien sieden in Wasser in einem Destillierapparat, und nachdem das Gemisch abgekühlt ist, wird der Wasserdampf vom Duftöl getrennt (unten).

Linke Seite:
Provenzalische Landschaft: Blauer Himmel, dunkelgrüne Kiefern und die berühmten Ockerfelsen von Roussillon.

Die Ockerfelsen waren nicht nur seit dem 18. Jahrhundert ein wirtschaftlicher Faktor, die Ockerfarben prägen auch das Stadtbild von Roussillon, das auf einem Plateau über der Imergue liegt. Die „Stadt des Ockers" ist ganz in dieser warmen Farbpalette von Rot bis Gelb gestaltet.

Das Dach der Wallfahrtskirche Notre-Dame-de-la-Mer kann als Aussichtspunkt über die Camargue und das Meer bestiegen werden. Über den Wallfahrtsort Les-Sts-Maries-de-la-Mer fand das Christentum Eingang in die Provence und verbreitete sich in Frankreich. Zahlreiche Legenden ranken sich um den Ort, an dem wenige Jahre nach der Kreuzigung Jesu ein steuerloses Boot mit Maria Magdalena, Maria Kleophas und Maria Salome aus Palästina kommend gestrandet sein soll.

Seidenreiher, Graureiher, Enten- und Möwenarten und vor allem rosafarbene Flamingos kann man am Ufer des Étang de Vaccarès beobachten, dem größten salzhaltigen Binnensee der Camargue.

Die Camargue ist ein Eldorado für Reiter, besonders entlang der weiten Sandstrände. Die halbwilden Camargue-Pferde werden nur 145 Zentimeter hoch und nehmen erst im 5. Lebensjahr die charakteristische weiße Farbe an.

Die „Stadt der toten Wasser", Aigues-Mortes, war im 13. Jahrhundert ein wichtiger Kreuzritter-Hafen, doch bereits im 14. Jahrhundert versandete er und die mitten im Sumpfland gelegene Stadt wurde verlassen. Auch deswegen konnte die Stadt ihren mittelalterlichen Zustand mit der gesamten Wehrmauer erhalten.

Seite 118/119:
Zwischen Toulouse und dem Mittelmeer liegt auf einem Hügel das mittelalterliche Carcassonne, berühmtes Beispiel des europäischen Festungsbaus. An einem alten Hauptverkehrsweg gelegen schützen zwei massive Mauerringe die Oberstadt über der modernen „Ville Basse".

CARLTON
CARLTON HOTEL
LIDO PLAGE

Linke Seite:
Cannes – heute glanzvolles kulturelles Zentrum an der Côte d'Azur, wurde 1834 von einem englischen Lord entdeckt; in der Folge strömten englische und russische Adelige in das ehemalige Fischerdorf. Das Hotel Carlton am Boulevard de la Croisette ist wohl das traditionsreichste Luxushotel in Cannes.

Anfang des 20. Jahrhunderts entwickelte sich auf dem Cap Ferrat an der Côte d'Azur eine Luxusenklave. Die Villa der Baronin Ephrussi de Rothschild von 1912 gehört zu den Prachtexemplaren; heute Museum, in dem man die Kunstsammlung der Baronin bewundern kann.

Wachablösung vor dem Fürstenpalast der Grimaldi in Monaco. Der nach dem Vatikan zweitkleinste Staat Europas lebt unter anderem von den Einnahmen des Kasinos.

Unten:
Seit 700 Jahren herrscht das Fürstengeschlecht der Grimaldis auf ihrem Felsen über dem Meer. Der Miniatur-Staat umfasst nur zwei Quadratkilometer und liegt im Osten der Côte d'Azur nahe der französisch-italienischen Grenze.

Kleine Bilder rechts: *Im Défilée der Yachten an der Côte d'Azur zeigt man, was man hat: Die Reichen und die Schönen werfen in den Yachthäfen von Nizza (oben), St-Tropez (Mitte) und Cannes (unten) ihre Anker aus – allein die Liegegebühren verschlingen ein durchschnittliches Jahreseinkommen.*

Seite 124/125:
Der „alte Hafen", Vieux Port, ist zum einen das Wahrzeichen von Marseille und zum anderen das Herzstück der Altstadt. Entlang der Hafenpromenade reihen sich zahlreiche Restaurants und Cafés, die zur Einkehr einladen.

Schon immer lebte das 2600 Jahre alte Marseille mit dem Gesicht zum Mittelmeer und dem Rücken zu Frankreich. Der „alte Hafen" Vieux Port ist noch heute ein lebendiges Zentrum für den Fischfang.

Elegante Yachthäfen prägen das Gesicht der Côte d'Azur und St-Tropez ist besonders ein Tummelplatz der Reichen und Schönen, obwohl die Glanzzeiten der 50er und 60er Jahre, als Gunter Sachs und Brigitte Bardot sich dort vergnügten, bereits vergangen sind.

Rechte Seite:
Hoch über dem bewegten Mittelmeer, auf schwindelerregenden Felsvorsprüngen, ist der beste Platz, um Fische zu fangen. Nicht weit von Nizza ist die Küste noch wild und ursprünglich.

Unten:
Austausch der neuesten Geschehnisse ist ein wichtiger Zeitvertreib in dem gemütlichen Dörfchen Aups in der Provence.

Rechte Seite:
Provenzalische Genüsse – überall in Frankreich findet man ein reichhaltiges Angebot hochwertiger Lebensmittel, doch die schönsten Märkte kann man in der Provence entdecken. Einige von ihnen tragen sogar das Gütesiegel „marché d'exception", außerordentlicher Markt. Niemals würde ein Provençale seinen ganzen Wocheneinkauf auf einmal erledigen; man kauft höchstens für eine, maximal für zwei Mahlzeiten ein und dementsprechend reichhaltig ist das ständige Angebot an sonnengereiften Tomaten, Knoblauch, Artischocken, Obst, Käse, Kräutern, Fleisch und allem, was das Feinschmeckerherz begehrt. Wer „wie Gott in Frankreich" leben möchte – die Provence ist der ideale Platz.

Ets. Vallauri
Grasse
PRODUITS DE TERROIR
CAVE A VINS
VINS
VINS
BROCANTE
SERRE FRUITS

FRANÇAIS
3 Pour
6

Rondin de brebis 29€

Linke Seite:
Bis 1859 gehörte die Hauptstadt der Côte d'Azur zu Italien; seit mehr als zwei Jahrhunderten ist Nizza die erste Adresse der reichen Engländer. Die Briten in Nizza stifteten der Stadt die berühmte „Promenade des Anglais", wo zu jeder Tageszeit reges Treiben herrscht.

Klein, aber superfein: Monaco, der Zwergstaat. Von der Altstadt Monacos hat man eine grandiose Aussicht aufs Meer. In dem Fürstentum leben Monegassen, Franzosen, Italiener und Ausländer aus der ganzen Welt, die von der fehlenden Einkommens-, Kapitalertrags- und Vermögenssteuer profitieren.

Antibes zählt zu den ältesten Städten an der Côte d'Azur. Es liegt am Fuße der Alpen zwischen Nizza und Cannes. Antibes ist aus der griechischen Stadt Antipolis entstanden, die um 340 v. Chr. gegründet wurde.

Seite 132/133:
Menton kam erst 1861 durch Volksabstimmung an Frankreich, nachdem die Stadt vorher zu Monaco und Italien gehört hatte. Das ausgesprochen milde Klima lässt hier Zitronen und Orangen gedeihen.

Register

100 km
GROSSBRITANNIEN
Nordsee
NIEDERLANDE
London
Brighton
Ärmelkanal
Dunkerque
Calais
Parc Naturel des Caps et marais d'Opale
Boulogne-sur-Mer
Gent
Brüssel
Köln
Lille
BELGIEN
DEUTSCHLAND
Rhein
Douai
Parc Naturel de Scarpe-Escaut
Arras
Cambrai
Parc Naturel des Avesnois
St-Valéry
Abbeville
Somme
Péronne
la Capelle
St. Quentin
Parc Naturel d'Ardennes
Revin
Dieppe
Amiens
Cappy
Pont-à-Bar
LUXEMBURG
Trier
Alderney
Cherbourg
Parc Naturel de Boucles de la Seine Normande
Le Havre
Picardie
Laon
Ardennen
Mosel
Guernsey
Seinebucht
Beauvais
Compiègne
Asfeld
Aisne
Thionville
Saarbrücken
Jersey
Parc Naturel des Marais
Rouen
Parc Naturel d'Oise Pays de France
Reims
Parc Naturel de la Montagne de Reims
Verdun
Metz
Parc Naturel des Vosges du Nord
Caen
Oise
Sarreguimes
Normandie
Giverny
Evreux
Pontoise
Champagne
Châlons-sur-Marne
Parc Naturel de Lorraine
Lothringen
Haguenau
Lannion
Golf von St. Malo
Parc Naturel du Vexin Français
Paris
Marne
Epernay
Lutzelbourg
Morlaix
St. Brieuc
St. Malo
Avranches
Parc Naturel de le Perche
Parc Naturel de la Haute-Vallée de Chevreuse
Versailles
Rozoy
Sézanne
Bar-le-Duc
Toul
Nancy
Strasbourg
Brest
Bretagne
Dinan
Parc Naturel de Normandie-Maine
Melun
Vitry-le-François
St.-Dizier
Parc National du Mer d'Iroise
Parc Naturel d'Armorique
Rance
Alençon
Chartres
Île de France
Seine
Fontainebleau
Parc Naturel de la Forêt d'Orient
Bayon
Quimper
Rennes
Laval
Yonne
Troyes
Elsass
Vogesen
Rhein
Cornouaille
Blavet
Moret-s.-Loing
Parc Naturel de Gâtinais français
Chaumont
Epinal
Colmar
Le Mans
Grand Ballon 1.423 m
Parc Naturel des Ballons des Vosges
Lorient
Vannes
Vilaine
Chenillé
Anjou
Orléans
Montargis
Joigny
Langres
Mulhouse
Redon
Chateauneuf
Auxerre
Montbard
Saône
Scey
Belfort
Blois
Loire-Tal
Bourgogne
Basel
Parc Naturel de Brière
Angers
Loire
Sologne
Briare
Yonne
Nivernais
Clamecy
Seveux
Belle-Île
St. Nazaire
Nantes
Saumur
Tours
Corbigny
Doux
Parc Naturel Loire-Anjou-Touraine
Vierzon
Poully-en-Auxois
Dijon
Besançon
Bern
Bourges
Parc Naturel du Morvan
Autun
St.-Jean-de-Losne
Dôle
Atlantischer Ozean
FRANKREICH
Nevers
Pontarlier
SCHWEIZ
Poitou
Decize
St.-Léger
Chalon-sur-Saône
Parthenay
Châteauroux
Loire
Loisy
Jura
Parc Naturel du Haut-Jura
Poitiers
Parc Naturel de la Brenne
Cher
Dompierre-sur-Besbre
Tournus
Seille
Lac Léman
Niort
Montluçon
Mâcon
Crête de la Neige 1.718 m
Genf
Île de Ré
La Rochelle
Bellac
Guéret
Vichy
Roanne
Bourg-en-Bresse
Parc Naturel du Massif des Bauges
Alpen
Rochefort
Charente
Marche
Parc Naturel Millevaches en Limousin
Clermont-Ferrand
Saône
Annecy
Mont Blanc 4.807 m
Île d'Oléron
Cognac
Limoges
Puy de Sancy 1.885 m
Lyon
Savoie
Saintes
Rhône
Royan
Angoulême
Parc Naturel de Chartreuse
Chambery
St.-Étienne
Parc National de la Vanoise
Ussel
Parc Naturel du Livradois-Forez
Parc Naturel Périgord-Limousin
Limousin
Parc Naturel des Volcans d'Auvergne
Voiron
Turin
Médoc
Saintonge
Massif Central
Parc Naturel du Pilat
Dauphiné
Grenoble
Périgueux
Brive-la-Gaillarde
Parc National des Ecrins
Golf von Biscaya
Périgord
St.-Flour
Le Puy
Valence
Bordeaux
Dordogne
Aurillac
Parc Naturel du Vercors
Barre des Ecrins 4.102 m
Parc Naturel du Queyras
Arcachon
Parc Naturel de Causses du Quercy
Parc Naturel des Monts d'Ardèche
Gap
ITALIEN
Garonne
Lot
Marmande
Cahors
Mende
Montélimar
Parc National du Mercantour
Guyenne
Lot
Parc Naturel des Landes de Gascogne
Villeneuve
Aveyron
Parc Naturel des Cévennes
St.-Ambroix
Mont Ventoux 1.909 m
Buzet
Orange
Digne
Aquitaine
Agen
Moissac
Millau
Avignon
Parc Naturel du Lubéron
Parc Naturel du Verdon
Parc Naturel des Préalpes
Montauban
Cevennes
Parc Naturel Grands Causses
Nîmes
Castets
Valence
Tarn
Parc Naturel des Alpilles
Côte d'Argent
Grisolles
Parc Naturel de Haut-Languedoc
Arles
Provence
Nice
MONACO
Adour
Baïse
Lauragais
Cannes
Biarritz
Bayonne
Toulouse
Languedoc
Montpellier
Camargue
Aix-en-Provence
Bilbao
Chalosse
Gascogne
Négra
Béziers
Agde
Parc Naturel de Camargue
Marseille
St.-Tropez
Pau
Castelnaudary
Argens
Côte d'Azur
Tarbes
Carcas-sonne
Narbonne
Parc National des Calanques
Hyères
Korsika
Bastia
Parc National des Pyrénées
Lourdes
Foix
Parc Naturel de Narbonnaise en Méditerranée
Toulon
Parc National du Port-Cros
Îles d'Hyères
Pic Vignemale 3.298 m
Parc Naturel des Pyrénées Ariégeoises
Golfe du Lion
Calvi
Pyrenäen
Roussillon
Perpignan
ANDORRA
Parc Naturel des Pyrénées Catalanes
Monte Cinto 2.706 m
Corte
Parc Naturel de la Corse
Mittelmeer
SPANIEN
Ajaccio
Zaragoza
Bonifacio

Über den Dächern von Paris: Die Bewohner zieht es am Montmartre manchmal auch auf die Dächer, um die Aussicht auf ihre Stadt zu genießen.

Impressum

Buchgestaltung
www.hoyerdesign.de

Karte
Fischer Kartografie, Aichach

Printed in Germany
Repro: Artilitho snc, Lavis-Trento, Italien
www.artilitho.com
Druck und Verarbeitung: Offizin Andersen Nexö, Leipzig

ISBN 978-3-8003-4175-7

Unser gesamtes Programm finden Sie unter:
www.verlagshaus.com

Bildnachweis

Alle Bilder von Tina und Horst Herzig mit Ausnahme von: S. 22/23: Philip Lange/iStockphoto.com; S. 24/25: Shaun Dodds/iStockphoto.com; S. 30/31: Sean Randall/iStockphoto.com; S. 32 links: Alija/iStockphoto.com; S. 32 rechts: muratkoc/iStockphoto.com; S. 44 oben: Sven Peter/iStockphoto.com; S. 45 oben: Sjoerd van der Wal/iStockphoto.com; S. 45 unten: Ralf Hettler/iStockphoto.com; S. 65 kleines Bild oben: Bernard MAURIN/iStockphoto.com; S. 65 kleines Bild Mitte: Arie J. Jager/iStockphoto.com; S. 65 kleines Bild unten: Maxime VIGE/iStockphoto.com; S. 78: Oks_Mit/iStockphoto.com; S. 82: eyewave/iStockphoto.com; S. 102 oben: Sebastien Cote/iStockphoto.com; S. 102 unten: juan antonio garcia garcia/iStockphoto.com; S. 103: Miroslava Amaudova/iStockphoto.com; S. 104/105: Bogdan Lazar/iStockphoto.com; S. 106: lillisphotography/iStockphoto.com; S. 111 kleines Bild unten: Claudio Giovanni Colombo/iStockphoto.com; S. 116 oben: Jeroen Peys/iStockphoto.com; S. 116 unten: Marco Maccarini/iStockphoto.com; S. 117 oben: Adam Edwards/iStockphoto.com; S. 122: David Joyner/iStockphoto.com; S. 124/125: Thomas Saupe/iStockphoto.com; S. 126 oben: Alain LAUGA/iStockphoto.com; S. 129 großes Bild oben: aprott/iStockphoto.com; S. 129 kleines Bild links oben: MikLav/iStockphoto.com; S. 129 kleines Bild links unten: Nikolay Dimitrov/ iStockphoto.com; S. 129 kleines Bild rechts oben: Nikolay Dimitrov/iStockphoto.com; S. 129 kleines Bild rechts unten: lillisphotography/iStockphoto.com; S. 130: Ray Hems/iStockphoto.com; S. 131 unten: Christian Musat/iStockphoto.com; S. 132/133: Anastasiya Zolotnitskaya/iStockphoto.com.